Erich Schröder

Liebe Erde, dann mach´s mal gut!

Erich Schröder

Liebe Erde, dann mach´s mal gut!

Eine sehr persönliche Reflexion über die aktuelle Situation der Menschen auf der Erde, inspiriert von Nachrichten und Diskussionen aus Printmedien, TV und Büchern aus dem Jahr 2020 und dem ersten Quartal 2021.

9 783753 478869

Bibliografische Information der Deutschen
Nationalbibliothek: Die Deutsche Nationalbibliothek
verzeichnet diese Publikation in der Deutschen
Nationalbibliografie; detaillierte bibliografische Daten sind
im Internet über http://dnb.dnb.de abrufbar.

© 2021 Dr. Erich Schröder

Herstellung und Verlag:
BoD – Books on Demand, Norderstedt

ISBN: 9 783753 478869

INHALT

Liebe Erde,

ich muss dir jetzt erst einmal ein Kompliment machen: Du bist schön, wunderschön! Ich durfte viel von dir sehen und erfahren, und ich war immer wieder überwältigt von deiner Vielfalt und Schönheit. Deine Landschaften, Gebirge, Flüsse, Ozeane, Küsten, Wüsten, deine Vegetation, die Vielfalt der Wälder, Pflanzen, Blumen, die Artenvielfalt auch in der Tierwelt vom Elefanten bis zur Ameise und schließlich dein Klima, das wie wohl auf keinem anderen Stern eine Wohlfühlzone für Menschen, Tiere und Pflanzen bietet. Deine Einzigartigkeit, die unser Leben auf dir überhaupt erst möglich gemacht hat.

Leider haben wir in den letzten hundert Jahren – eine Sekunde in deinem Lebensalter - uns dir gegenüber nicht immer gut benommen. Deine scheinbar ewige Schönheit hat darunter gelitten, sie hat Falten bekommen, die stehen dir gerade gar nicht gut. Deine Ozeane und inzwischen auch deine Strände sind voll mit Plastikabfällen. Deine herrlichen Regenwälder werden abgeholzt, verbrannt oder durch defekte Ölbohrungen vergiftet. Deine Gewässer haben wir verschmutzt und mit unseren Abgasen haben wir deine Atmosphäre und dein Klima beschädigt. Seit einigen Jahrzehnten dämmert uns, dass unser hochgelobter Fortschritt, Konsum und Lebensstil deine Ressourcen und Kapazitäten bei weitem überfordern. Die Erkenntnis ist also keineswegs neu, wir haben sie nur lange erfolgreich verdrängt. Umso schwerwiegender zeigen sich inzwischen bereits die Folgen unserer Lebensweise über die gegebenen Verhältnisse.

Auch wenn die Schönheit deiner Landschaften und der Tier- und Pflanzenwelt unter unserem schlechten Einfluss schwer leidet, du wirst es überleben – wir dagegen vielleicht nicht. Stephen Hawking war der wohl prominenteste Physiker unserer Zeit. Er gab bereits 2017, wenige Jahre vor seinem Tod, die Prognose ab, dass in 100 Jahren die Lebensgrundlagen der Menschen auf der Erde soweit zerstört wären, dass die Menschheit aussterben werde. Nur seine Schlussfolgerung, zum Erhalt der Menschheit doch auf einen fernen Planeten auszuwandern, kann ich so nicht nachvollziehen. Eine karge und unwirtliche Marslandschaft ohne Atmosphäre und lebensfähiges Klima ist ja wohl kaum ein wirklicher Ersatz für dich, unsere schöne Erde, auch wenn unsere Technik ein Überleben dort vielleicht möglich machen würde.

Denn du, liebe Erde, bist schon ein erstaunliches Gebilde mit geradezu fantastischen und für deine Lebewesen idealen Eigenschaften. Trotz deines hohen Alters von etwa 4,5 Milliarden Jahren steckt in deinem Inneren immer noch eine schier unerschöpfliche Glut, ein riesiges Reservoir an Energie. Gelegentlich, wenn mal wieder ein Vulkan ausbricht, können wir ein kleines Stück deiner Glut sehen und deine gewaltigen Kräfte erahnen. Kräfte, die im Laufe der Zeit Gebirge aufgetürmt und ganze Kontinente wie in einem Puzzle verschoben haben. Ebenso unermesslich sind deine Wasservorräte, ohne die unser Leben nicht möglich wäre und die auch maßgeblich dein Klima gestalten.

Und schließlich gehört zu dir diese vergleichsweise dünne Atmosphärenschicht, die das Leben auf dem Festland möglich macht und in der sich dein Klima abspielt. Diese Kombination deiner Eigenschaften ist einzigartig, jede für sich und alle zusammen. Nach unserer bisherigen Kenntnis gibt es keinen vergleichbaren Stern im Universum mit diesen Eigenschaften in dieser Kombination.

Umso mehr sollten wir alle Anstrengungen unternehmen, dich zu schützen, zu pflegen und zu erhalten – nicht zuletzt auch um unsere eigenen Lebensgrundlagen zu sichern. Die meisten von uns haben das inzwischen auch verstanden. Dennoch gibt es offenbar einige Umstände, die es sehr schwierig machen, unser bisheriges und immer noch schädliches Verhalten zu ändern und eine weitere Zerstörung dieser Lebensgrundlagen zu verhindern. Und obwohl wir eigentlich intellektuell und technisch dazu in der Lage wären, ist es keineswegs sicher, dass uns der notwendige Wandel noch rechtzeitig gelingt. Die düstere Prognose von Stephen Hawking schwebt über uns.

Liebe Erde, dann lass uns die aktuelle Lage einmal nüchtern betrachten.

Die wunderbare Moderne

„Wir haben die Erde nicht von unseren Eltern geerbt – sondern von unseren Kindern geliehen." Dieser von Umweltaktivisten gern zitierte Satz wird als „alte Indianerweisheit" verkauft, der tatsächliche Ursprung ist

dagegen eher unbekannt. Die Botschaft der Weisheit ist klar, eine Warnung bezüglich der aktuellen Klima- und Umweltprobleme, die letztlich folgende Generationen belasten. Der Hinweis darauf ist ein wichtiger Appell und ein dazu passendes Bild, aber eben nur eine Seite der Medaille. Denn natürlich erbt jede Generation seine Lebensverhältnisse, zusammen mit dem Zustand der Erde, eben doch von den Eltern und gibt all das irgendwann an ihre Kinder weiter. Daraus sollte man auch keinen Konflikt der Generationen machen, das wäre ungefähr das Letzte was wir gerade brauchen. Schauen wir uns die aktuelle „Übergabe der Erde" einmal etwas genauer an. Für einen Konflikt gibt es dabei auch kaum Anlass, denn die Bilanz ist unter dem Strich gar nicht so schlecht. Natürlich hat jede Bilanz neben positiven auch negative Saldi.

Beginnen wir mit dem positiven Saldo. Die scheidende Nachkriegsgeneration hinterlässt in fast jeder Hinsicht die besten Lebensbedingungen, die es in Deutschland jemals gegeben hat – und das aufgebaut auf den Trümmern des Zweiten Weltkriegs. Der wohl wichtigste Faktor ist dabei eine bereits 75jährige Friedensperiode, einzigartig in Deutschland und Europa. Aber auch sonst hat sich eigentlich fast alles in dieser Periode zum Besseren entwickelt. Ich erspare mir hier eine Aufzählung der vielen Verbesserungen und verweise auf die Bücher des Schweizer Journalisten Guido Mingels („Früher war alles schlechter", Deutsche Verlags-Anstalt), der im Vorwort seines ersten Buchs (2017) schreibt:

„Vieles spricht dafür, dass es der Mensch niemals besser hatte auf Erden als eben jetzt, in der Gegenwart. Die Ge-

sundheit verbessert sich. Die Lebenserwartung steigt. Die Kindersterblichkeit sinkt, fast überall auf der Welt. Der Wohlstand nimmt zu, auch fast überall. Die Geburtenraten nehmen ab, ebenso wie die Müttersterblichkeit. Die Armut wird weniger, sie ist in den letzten 50 Jahren stärker zurückgegangen als in den 500 Jahren davor. Die Bildung verbessert sich, vier von fünf Menschen können heute lesen und schreiben. Die Kriegstoten werden weniger, die Mordraten sinken. Impfquoten steigen, Krankheiten verschwinden. Die landwirtschaftlichen Erträge pro Fläche wurden vervielfacht. Der Wald wächst. Der Hunger schwindet. Die Arbeitszeit schrumpft. Es gibt weniger Opfer von Naturkatastrophen, weniger Aids-Tote und weniger arbeitende Kinder. Deutsche trinken weniger Alkohol, rauchen weniger und bringen sich seltener um. Die Liste ist lang."

Auch wenn es in wenigen Punkten heute (2021) wieder rückwärtsgeht, z.B. was den Wald betrifft, ist die Gesamtentwicklung doch überwältigend positiv. An 115 eindrucksvollen Beispielen zeigt Guido Mingels in seinen zwei Büchern akribisch auf, worin im Einzelnen die Verbesserungen bestehen. Und dann gibt es auch bahnbrechende Innovationen, die die Welt verändert haben, wie das Internet und das Smartphone. Eine Welt ohne Google, Amazon, Facebook & Co.? Heute kaum mehr vorstellbar! Und wer möchte heute noch auf die Annehmlichkeiten seines Smartphones verzichten, z.B. mit manchen Apps von überall aus jederzeit kostenlos in die ganze Welt zu telefonieren? Ich erinnere mich noch gut an die Zeit, als ein Telefongespräch mit einer Freundin in Peru 50 DM für die ersten drei Minuten kostete. Und weitere bahnbrechende Erfindungen stehen vor der Tür: Die Chance, in einigen Jahren den Krebs zu besiegen, steht z.B. nicht schlecht.

Und damit kommen wir zum negativen Saldo. Beginnen wir hier gleich mit dem Internet, das inzwischen auch seine vielen dunklen Seiten offenbart hat. Es bietet für alles erdenklich Schlechte entsprechende anonyme Foren zur Kommunikation und zum Handel: Waffen, Drogen, Kinderpornographie und noch vieles mehr. Computerviren ermöglichen in großem Maßstab Betrug, Diebstahl, Sabotage und Erpressung mit kaum zu ermessenden Schäden. Plattformen wie Facebook mit Milliarden Kunden führen mit ihren Algorithmen in gewaltigem Umfang zu Meinungsmanipulationen und durch Missbrauch ihrer Strukturen sogar zu politischen Veränderungen z.B. durch Wahlmanipulation.

Auch der zunehmende Wohlstand und Lebensstandard sowie die Mobilität haben erhebliche Nebenwirkungen, die sich immer deutlicher und inzwischen bereits sehr gravierend auswirken: Der Klimawandel mit allen seinen Folgen, die Überfischung der Meere bei ihrer gleichzeitiger massiver Vermüllung insbesondere durch Plastikabfälle und Öl, sowie ungesteuerte und damit konfliktreiche Migrationsbewegungen in Richtung auf die Wohlstandsnationen. Diese unerwünschten Nebenwirkungen des zunehmenden Wohlstands wurden viel zu lange nicht wahrgenommen oder ignoriert.

Unter dem Strich starten jüngere Generationen seit gut 50 Jahren auf einem bisher nie gekannten und ständig weiterwachsenden Niveau des Wohlstands und der Lebensqualität in ihr Leben als erwachsene Bürger. Für dieses Leben haben sie eine Auswahl an Möglichkeiten und Chancen wie noch keine andere Generation zuvor. Zugleich gibt es aber auch aktuell eine Reihe sehr ernster Probleme, die kurzfristige und nachhaltige Lösungen erfordern, um die Stabilität unserer Lebensbedingungen auf der Erde nicht ernsthaft zu gefährden.

Um eines gleich hier klarzustellen: Das ist keine außergewöhnliche Belastung einer nachwachsenden Generation. Auch die Nachkriegsgeneration hatte zu Beginn ihre schweren Probleme, die vorherrschende Armut, den kalten Krieg zwischen Ost und West mit einer akut vorhandenen atomaren Bedrohung, sowie massive Umweltverschmutzungen durch eine rasch und ohne Schutzmaßnahmen wachsende Industrie. All dies wurde ganz befriedigend gelöst. Beispiele dafür sind Rüstungskontrollverträge und Verbesserungen der Luftqualität im Ruhrgebiet oder der Wasserqualität im Rhein. Noch weit massivere und existenzielle Probleme hatten die Generationen vor, während und zwischen den Weltkriegen zu bewältigen. (Nachzulesen in den authentischen Tagebüchern einer Familie, veröffentlicht von Gerd Schröder in „Werth und Overhoff", Books on Demand, 2020)

Ich halte die aktuellen Probleme bei gemeinsamer Anstrengung intellektuell und technisch durchaus für lösbar. Warum ich bei allem Vertrauen in unsere Wissenschaft und Technik dennoch Bedenken habe, ob der Menschheit tatsächlich die notwendigen kurzfristigen und nachhaltigen Problemlösungen gelingen werden, das werden wir in den folgenden Kapiteln erörtern.

Corona ist nur der Anfang

Die Corona-Pandemie hat nahezu die gesamte Welt getroffen und aus ihrem bisherigen Alltag gerissen. Dringende andere Probleme wie der Klimawandel gerieten dadurch leider aus dem Fokus der Aufmerksamkeit. Die Zahl der an Corona Verstorbenen geht in die Millionen, eine vielfach größere Zahl von Menschen waren oder sind erkrankt oder werden noch erkranken. Die medizinische Versorgung der Kranken ist vielerorts am Limit oder bereits darüber hinaus. Auch die wirtschaftlichen und sozialen Folgen der Pandemie sind gewaltig. Die Luftfahrt, ein wichtiger Faktor bei der Verbreitung der Pandemie, wurde in kürzester Zeit marginalisiert und wird sich davon so schnell nicht erholen – wenn überhaupt wird es Jahre dauern. Die bislang blühende Tourismusindustrie liegt am Boden. Die zuletzt so beliebten, wenn auch umweltschädlichen Kreuzfahrtschiffe dümpeln teilweise leer auf dem Meer herum, weil die Parkplätze für die Schiffe teurer wären. Was für ein grober Unfug! Die gesamte Gastronomie, Hotels und Restaurants, kämpft ums Überleben, musste entweder schließen oder hat praktisch kaum noch reisende Gäste. Theater und Kinos mussten schließen, Konzerte und Ausstellungen wurden abgesagt, die gesamte Kulturszene ist stillgelegt, bis auf wenige Straßenmusiker. Kultur findet nicht mehr statt. Kleine Unternehmen und Einzelunternehmer haben ebenso wie

Künstler ihre letzten Kunden durch Streichungen und Sparmaßnahmen verloren.

Der Staat versucht das Elend mit verschiedenen Unterstützungszahlungen zu mildern, die die Betroffenen leider häufig verspätet erreichen. Daneben erschleichen sich allerdings auch Ganoven diese Gelder. Insgesamt steigt die Staatsverschuldung ins Gigantische.

Der einzelne Bürger träumt seit gut einem Jahr davon, dass doch alles wieder so werde wie es vor der Pandemie einmal war. Aber das kann noch dauern, sicher bis Ende 2021, vielleicht auch noch bis ins nächste Jahr. Die Pandemie und die Maßnahmen zu ihrer Bekämpfung haben massiv in das tägliche Leben der Bürger eingegriffen. Die Menschen werden unter den erheblichen Einschränkungen des täglichen Lebens unruhig, gereizt, viele auch aggressiv. Bereits im November 2020 redeten alle davon, dass doch das Weihnachtsfest stattfinden müsse. Die Politik knickte schnell ein und erlaubte private Weihnachtsfeiern mit bis zu 10 Personen plus Kindern – und das gleich mit für Silvester und Neujahr. Ein Weihnachtsfest im warmen Wohnzimmer mit drei Generationen und mehr als 10 Personen, möglichst auch mit gemeinsamem Singen von Weihnachtsliedern? Wohl wissend, dass sich das Virus über Aerosole aus der Atemluft verbreitet? Glücklicherweise hat die Politik angesichts stark steigender Anzahl der Infektionen und der Todesfälle dann doch noch etwas strengere Regeln für die Festtage erlassen. Inwieweit die Bevölkerung sich daran gehalten hat, ist eine andere Frage. Für das Virus wurde es jedenfalls erwartungsgemäß ein „frohes Fest", die

Infektionszahlen stiegen deutlich an. Einige Wochen später, im Januar, wurden täglich mehr als 1.000 Opfer des Virus gezählt – ein hoher Preis für eine verzagte Politik, die sich nicht traute, dem Volk die bittere Realität, den notwendigen Verzicht auf das traditionelle Weihnachtsfest, zuzumuten.

Dann wurden erste Mutationen des Virus entdeckt, einige davon noch viel ansteckender als die ursprüngliche Version. Obwohl inzwischen, nach sensationell schnellen Forschungs- und Entwicklungsprozessen, erste zugelassene Impfstoffe in begrenzter Menge zur Verfügung stehen, bleibt die Sorge um ein erneutes Aufflammen der Pandemie in weiteren und immer stärkeren Wellen. Werden die Impfstoffe auch vor diesen und weiteren Mutanten des Virus schützen? Selbst wenn das so ist, werden aber noch ein oder zwei Jahre vergehen, bis ein wesentlicher Teil der Menschheit vorläufig geschützt ist. Wahrscheinlich werden, ähnlich wie bei der Grippeimpfung, jährliche Auffrischungen mit Schutz vor neuen Mutanten erforderlich sein.

Aber wird es überhaupt wieder so werden wie es vor der Pandemie einmal war? Und wollen wir das wirklich? Oder besteht nach den schweren Erschütterungen durch die Pandemie nicht sogar die Chance für einen Neuanfang, der bisherige Fehlentwicklungen vermeidet? Gäbe es dafür ein Konzept, einen Masterplan?

Ein Zurück zum Vorher entspricht natürlich der aktuellen Sehnsucht der Mehrheit. Aber das wäre wahrscheinlich nur ein Zwischenzustand. Denn über kurz oder lang werden den Einschränkungen durch die Pandemie andere und weitreichendere Einschränkungen wegen der Klimaveränderungen folgen. Oder vielleicht auch wegen einer Mutation des Virus, oder wegen einer neuen Pandemie. Im Jahr 2020 mussten in Dänemark Millionen von Nerzen getötet werden, da die Tiere vom Corona-Virus befallen waren. Es zeigt, dass bei der Begegnung zwischen Mensch und Tier in der Tierhaltung immer das Risiko von Übertragungen, Wirtswechsel und Mutationen von Viren besteht. Tierische Viren gehen auf den Menschen über und umgekehrt. Das aktuelle Coronavirus stammt wahrscheinlich von der Fledermaus, der tierische Zwischenwirt für die Übertragung auf den Menschen ist noch nicht bekannt. Vermutlich ist es eine Tiergattung, die auf dem Tiermarkt von Wuhan/China verkauft wird. In dieser Stadt wird der Ursprung der Pandemie vermutet. Ähnliche Übertragungen sind jederzeit erneut möglich.

Also zurück zu Billigflügen und Ballermann, zu SUVs und „freier Fahrt" auf der Autobahn, zu Massentierhaltung, übermäßigem Fleischkonsum und kasernierten Erntehelfern? Wollen wir das wirklich? Oder wollen wir vielleicht besser den Corona-Schock für eine Phase der Besinnung und einen nachhaltigen und umweltbewussten Neuanfang nutzen?

Wir haben etwas Zeit darüber nachzudenken, denn die Pandemie wird uns, auch wenn jetzt die Impfungen beginnen, sicher noch mindestens über das ganze Jahr 2021 begleiten. Wann sie endgültig besiegt sein wird, darüber wagen zurzeit die Experten noch keine sichere

Prognose. Allzu viel Zeit sollten wir uns aber auch nicht lassen, ein Zukunftskonzept sollte eingeleitet werden, bevor das öffentliche Leben sich wieder in den alten Schienen verfestigt hat. Gibt es denn schon einen Plan B? Es sieht leider nicht so aus, die Sehnsucht nach dem früheren Zustand ist wohl einfach zu groß. Eine nächste Pandemie kommt aber sicher, ebenso wie die Folgen des Klimawandels, die sich bereits deutlich abzeichnen. Nach den furchtbaren Erfahrungen des Zweiten Weltkriegs hat die Menschheit sich besonnen und zusammengefunden, um einige gemeinsame Initiativen zu begründen und auf den Weg zu bringen, zum Beispiel die Vereinten Nationen, die Weltgesundheitsorganisation und die Weltbank. Solche Initiativen werden auch jetzt gebraucht, um einige dringende Probleme anzugehen. Wir müssen erneut zusammenfinden!

Die Macht des Klimawandels

Der kritische Blick auf das Klima begann etwa 1975, der Klimawandel war damals allerdings noch eher ein Nischenthema. Im Februar 1979 trafen sich Politiker und Wissenschaftler aus 53 Ländern zur ersten Weltklimakonferenz in Genf. Es wurde beschlossen, ein Weltklimaprogramm zu erarbeiten und einen Weltklimarat zu begründen. Der Weltklimarat (Intergovernmental Panel on Climate Change, IPCC) ist eine von 195 Ländern der Vereinten Nationen getragene wissenschaftliche Organisation, die alle relevanten Daten zum Thema Klimawandel zusammenträgt und in regelmäßigen Berichten veröffentlicht. Der IPCC erhielt 2007 gemeinsam mit dem ehemaligen US-

Vizepräsidenten Al Gore den Friedensnobelpreis für seine Bemühungen, den Klimawandel in das Bewusstsein der Weltöffentlichkeit zu rücken. Das Problembewusstsein in der Bevölkerung war zu dieser Zeit allerdings erst ansatzweise vorhanden. Heute werden dagegen die Klimaveränderungen aufgrund der zunehmenden Erwärmung der Atmosphäre allgemein als die schlimmste Bedrohung der Menschheit angesehen. Erste Auswirkungen dieser Bedrohung sind bereits deutlich erkennbar.

Die Ursache des aktuellen Klimageschehens zeigt die sogenannte Keeling-Kurve auf, eine kontinuierliche Messung der Kohlendioxid (CO_2) - Konzentration am Mauna Loa-Observatorium auf Big Island, Hawaii. Die Kurve zeigt über die letzten 60 Jahre eine leicht progressive Steigerung der CO_2-Konzentration um 100ppm, von etwa 320 auf 420ppm. Das hört sich nicht so dramatisch an, ist aber mehr als durch natürliche Prozesse in 6.000 Jahren während des Übergangs von einer Eiszeit in eine Warmzeit entstehen, so Professor Gerald Haug, Paläoklimatologe und Präsident der renommierten Leopoldina, in einem Interview (Der Spiegel, 27.10.2020). Die Menschheit, so Haug, *„verbrennt derzeit jedes Jahr 10 Milliarden Tonnen Kohlenstoff in Form von Öl, Kohle und Gas, produziert also etwa 36 Milliarden Tonnen CO_2."* Weitaus am meisten CO_2 emittiert aktuell China gefolgt von Indien; als nächste sind etwa gleichauf die USA und Europa zu nennen.

Die meisten Wissenschaftler gehen davon aus, dass es einen direkten Zusammenhang zwischen den aktuell beobachteten Klimaänderungen und der CO_2-

Konzentration in der Atmosphäre gibt. Sie machen dafür den sogenannten Treibhauseffekt verantwortlich. CO_2 behindert, so die These, wie das Glas eines Treibhauses das Entweichen von Wärme ins Weltall, je konzentrierter desto wirksamer. Das ist wichtig, um ein Erkalten der unteren Atmosphäre bis hin zu einer neuen Eiszeit zu verhindern. Nimmt die CO_2-Konzentration aber weiter zu, heizt sich die untere Atmosphäre durch die Sonneneinstrahlung weiter auf. Eine solche langsame Zunahme der Temperatur wird gerade beobachtet. Das hat dramatische Auswirkungen.

Denn der Klimawandel macht sich inzwischen bereits deutlich bemerkbar: Abschmelzende Gletscher in den Alpen, den Anden und vielen anderen Gebirgen, die Zunahme der Hurrikane und der Waldbrände und eine zunehmende Trockenheit, auch in Deutschland. Die Vorhersagen der Wissenschaft haben offenbar nicht übertrieben. Nach einer Studie der University of Leeds hat die Erde innerhalb von 23 Jahren rund 28 Billionen Tonnen Eis „verloren", d.h. in Schmelzwasser umgesetzt. Die auf dem Wasser liegende Eisdecke der Arktis schmilzt gerade immer schneller ab. Da das Eis ohnehin im Wasser liegt hat das keine unmittelbaren Auswirkungen auf das Niveau des Meeresspiegels. Allerdings vermindert die abnehmende weiße Eisschicht die Reflexion des Sonnenlichts, das dann mit seiner Wärme in das dunklere Wasser eindringt und die Erwärmung und das Abschmelzen so noch beschleunigt, ebenso wie beim Abschmelzen der Gletscher im Gebirge. Würde dagegen die Eisdecke über Grönland ebenfalls abschmelzen, könnte der Meeresspiegel um bis zu sechs Meter ansteigen. Bereits heute ist ein Anstieg des Meeresspiegels zu beobachten, im weltweiten Durchschnitt um 3 Millimeter pro Jahr. Das wären dann bei linearer Fortschreibung 30 Zentimeter am Ende dieses Jahrhunderts, im gesamten 20. Jahrhundert waren es noch 17 Zentimeter. Manche Prognosen für dieses Jahrhundert gehen allerdings weit darüber hinaus, bis zu 110 Zentimeter, da sie eine nur lineare Fortschreibung des Anstiegs der Temperaturen wegen selbstverstärkender Prozesse in dieser Entwicklung nicht für realistisch halten. Der Anstieg des Meeresspiegels fällt aktuell regional noch sehr unterschiedlich aus. Die deutschen Küsten sind bisher unterdurchschnittlich betroffen, das kann sich aber auch bald ändern. Deutlich zugenommen hat hier im Laufe der Jahre allerdings die Frequenz der Sturmfluten. An der Westküste Amerikas steigt das Niveau des Pazifiks dagegen etwa viermal so schnell wie im weltweiten Mittel.

Fast ein Viertel der Landoberfläche der nördlichen Hemisphäre besteht aus Permafrostböden, also aus Eis und gefrorener Erde. Durch die zunehmende Erwärmung der unteren Atmosphäre beginnen diese Böden nun schneller als erwartet aufzutauen. Unter der eisdichten Oberfläche sind im Laufe der Zeit organische Materialien verrottet und haben so Methangas gebildet. Methan gilt als 28mal klimawirksamer als CO_2. Taut die gefrorene Oberfläche unter der Erwärmung nun auf, wird dieses Methangas freigesetzt und entweicht in die Atmosphäre. Geschätzt könnten bis zu 1.600 Milliarden Tonnen Kohlenstoff in den Permafrostböden lagern. Es droht ein fataler selbstverstärkender Prozess: Die Erwärmung lässt das Methan entweichen, das die Erwärmung der Atmosphäre weiter beschleunigt. Das wäre ein Punkt, an dem die Erderwärmung durch den Menschen nicht mehr beeinflusst werden kann.

Ein Teil des freigesetzten Methans wird durch photochemische Reaktionen in der Atmosphäre und auch durch methanotrophe Bakterien im Boden abgebaut. Diese finden sich in den Grenzschichten der Permafrostböden, aber auch insbesondere in Waldböden, wo sie im Boden zwar kein Methan vorfinden, sich dieses dann aber aus der Atmosphäre holen. Waldböden sind also besonders wichtig zur Senkung der Methankonzentration in der Luft. Umgekehrt ist somit der Verlust von Waldflächen, z.B. in der Amazonasregion, besonders kritisch bezüglich des Klimawandels.

Neben Rodung und Brandstiftung führen auch spontane Waldbrände zum Verlust von Waldflächen, die in mehreren Regionen der Welt in ihrer Häufigkeit und Intensität dramatisch zunehmen. Dazu trägt die zunehmende Erwärmung der Atmosphäre ebenso bei wie die zunehmenden regionalen Dürreperioden. Betroffen sind insbesondere die nordamerikanische Westküste, Australien und Sibirien. Die Waldbrände haben im Jahr 2020 im Westen der USA sowie im Südosten von Australien historische Ausmaße erreicht. Aber auch in Deutschland gibt es jedes Jahr teils schwere Waldbrände. Die zunehmende Trockenheit in manchen deutschen Regionen lässt Schlimmes befürchten. Die Waldbrände vernichten nicht nur die als CO_2-Speicher so wichtigen Bäume, sondern setzen auch deren gespeichertes CO_2 frei, so dass dieses zusätzlich in die Atmosphäre entweicht. In Sibirien brennen nicht nur Wälder, sondern auch Torfböden, was ebenfalls große Mengen CO_2 freisetzt. Die Feuer lassen darüber hinaus die dortigen Permafrostböden tiefer auftauen, wodurch außerdem Methan freigesetzt wird. So beschleunigen CO_2 wie auch Methan gemeinsam den Klimawandel durch einen verhängnisvollen Kreislauf der gegenseitigen Verstärkung.

Von der Erderwärmung ist auch der Wasserkreislauf der Erde betroffen. Die wärmere Luft kann mehr Feuchtigkeit aufnehmen, was die Regenfälle und ebenso tropische Wirbelstürme häufiger und stärker werden lässt. Bereits jetzt richten solche Wirbelstürme gewaltige Schäden an. Allein der Hurrikan Maria der höchsten Kategorie 5 hat 2017 insgesamt Schäden in Höhe von geschätzt 94 Milliarden US$ verursacht – und das nur wenige Tage nach dem Durchzug des Hurrikans Irma, ebenfalls der Kategorie 5 und mit erheblichen Zerstörungen. Die jährliche Anzahl dieser Stürme hat sich seit 1980 etwa verdoppelt. Bei globaler Erwärmung verschieben sich die Niederschläge in einer Tendenz, dass heute trockene Gebiete noch trockener werden und heute regenreiche Gebiete noch mehr Niederschläge erhalten.

Von Klimaänderungen besonders betroffen ist auch die Landwirtschaft. Steigende Temperaturen, Trockenheit und Extremwetterlagen bedrohen Pflanzenanbau und Tierzucht, bisher stabile Anbauzyklen und -erträge kommen aus dem Gleichgewicht. Für Deutschlands Landwirtschaft ist insbesondere die zunehmende Trockenheit der Böden eine Herausforderung. Aber auch weltweit zehren die Veränderungen an den Ernteerträgen und bedrohen somit die Welternährungslage. Weltweit hungern aktuell etwa 815 Millionen Menschen. Um eine ausreichende Ernährung für alle sicherzustellen, müsste die weltweite landwirtschaftliche Produktion bis 2050 um etwa 60 Prozent gesteigert werden; der Weltklimarat (IPCC) erwartet dagegen in diesem Zeitraum einen Produktionseinbruch in Höhe von 10 bis 25 Prozent. Gleichzeitig ist die Landwirtschaft mit etwa 10 Prozent am Gesamtausstoß von Klimagasen (CO_2, Methan) wesentlich beteiligt. Besonders die Tierzucht fällt hier ins Gewicht, allein die Rinder produzieren in Deutschland rund 50 Prozent des Methanausstoßes. So trägt der hohe Fleischkonsum in den westlichen Industrieländern wesentlich zum CO_2- und Methananstieg bei. Sehr klimaschädlich ist auch Lachgas, das bei der Düngung mit Stickstoff anfällt.

Seitens der Landwirte wird versucht, mit neuen Züchtungen und Mutationen Nutzpflanzen zu erzeugen, die resistenter gegen die Folgen klimatischer Veränderungen sind. Die dafür teilweise notwendigen Eingriffe in die Genstrukturen werden wegen möglicher ungeplanter Auswirkungen kritisch gesehen. In der EU ist das Ausbringen genveränderter Züchtungen bisher nicht gestattet. Andere Ansätze aus dem Welternährungsprogramm der UNO (WFP) experimentieren mit großen Hydrokulturen für den Anbau von Gemüse in Städten aber auch in unfruchtbaren Gebieten der Erde.

In einer Versuchsanlage in Sachsen-Anhalt testet das Helmholtz-Zentrum für Umweltforschung seit sechs

Jahren auf einer etwa sieben Hektar großen Versuchs-
fläche den Einfluss der in diesem Jahrhundert noch zu
erwartenden Klimaveränderungen auf Pflanzen und
Tiere. Dafür simulieren die Forscher die Temperatur-
und Feuchtigkeitsbedingungen, wie sie sich bei einer
Erhöhung der Atmosphärentemperatur um durch-
schnittlich 2 Grad voraussichtlich entwickeln würden.
Die bisherigen Ergebnisse sind einerseits erschreckend,
zeigen aber auch Möglichkeiten auf, mit der Klimaver-
änderung zu leben. Erschreckend war das massenhafte
Absterben einiger für die Bodenentwicklung wichtiger
Tierarten wie beispielsweise der Regenwürmer. Ohne
sie würde der fruchtbare Mutterboden zur Wüste ver-
kommen. Hoffnungsvoll konnte gezeigt werden, dass
Böden, die nicht mit einer Monokultur, sondern einer
Pflanzenvielfalt angelegt wurden, sich gegenüber den
Veränderungen erheblich resistenter gezeigt haben. Die
Vielfalt der Bepflanzung wird vielleicht ein entschei-
dendes Kriterium für das Überleben der Landwirt-
schaft sein.

Der Klimawandel ist wohl auch eine wichtige Ursache des zunehmenden Artensterbens in der Tier- und
Pflanzenwelt. Aktuell könnten nach einer Schätzung
des Weltbiodiversitätsrats IPBES weltweit von hochge-
rechnet rund acht Millionen Tier- und Pflanzenarten
eine Million vom Aussterben bedroht sein. Auch in der
Vergangenheit der Erdgeschichte haben Klimaveränderungen schon öfter größere Wellen eines Artensterbens
verursacht. Heute kommen neben den Klimaveränderungen noch andere menschengemachte Ursachen des
Artensterbens hinzu, zum Beispiel die Ausbringung
von Pestiziden, die zunehmende Abholzung und Ver-

inselung der tropischen Wälder, die Zersiedlung von Landschaften und das Einschleppen fremder Tier- und Pflanzenarten durch internationalen Verkehr. Solche zusätzlichen fremden Arten können die ursprüngliche Flora und Fauna empfindlich schädigen. Eine höhere Priorität des Naturschutzes und großzügige Ausweisung von Schutzgebieten wären notwendige Maßnahmen, um das Artensterben zu begrenzen.

Neue Krankheiten könnten sich in Gegenden ausbreiten, in denen sie bisher nicht aufgetreten sind. Bei weiterer Erwärmung können Malaria und andere Tropenkrankheiten mit ihren Überträgern auch in Europa und Nordamerika heimisch werden. Erste Fälle tropischer Erkrankungen hat es in Südeuropa schon gegeben. Auch das Kulturgut der Menschheit ist in Gefahr. Papierdokumente und Kulturdenkmäler wie Gebäude oder Museen sind ebenfalls den Auswirkungen des Klimawandels ausgesetzt. Bei Erwärmung, Feuchtigkeit oder Überflutung sind Dokumente, Gebäude und Landschaften durch beschleunigten Verfall oder sogar unmittelbare Zerstörung bedroht

Auch wenn längst offensichtlich ist, dass der Klimawandel nicht irgendwann kommt, sondern bereits da ist und fortschreitet, bleibt die Welt davon bisher erstaunlich unbeeindruckt. Die meisten Menschen schauen allenfalls auf die Politik und warten auf ihre Entscheidungen. Aber von dort kommt wenig, Katastrophenmeldungen und entsprechende Maßnahmen sind unpopulär, mit ihnen lassen sich keine Wahlen gewinnen.

Migration

Wir stellen uns eine kleine Insel vor, irgendwo mitten im Pazifik, ein tropisches Paradies mit einer Bevölkerung von wenigen hundert Menschen, die im Einklang mit sich und der Natur dort seit Jahrhunderten zu Hause sind. Die Insel ist flach, ragt gerade einmal an der höchsten Stelle zwei Meter über den Meeresspiegel. Die wunderbaren breiten Sandstrände verschwinden bei der täglichen kleinen Flut im Meer und tauchen wenige Stunden später wieder auf. Aber nun gibt es ein Problem: Der Meeresspiegel steigt seit Jahren an, sehr langsam, vielleicht gerade einen bis zwei Zentimeter pro Jahr. Doch auf dieser flachen Insel ist das schon bedrohlich. Erst war die schöne Küstenstraße bei Flut teilweise mit Wasser bedeckt, nun steht sie bereits dauernd unter Wasser. Die bei den Einheimischen ebenso wie bei den wenigen Touristen einst so beliebten kleinen Häuser direkt am Strand haben nun dauerhaft nasse Füße und stehen leer. Es gibt jetzt keine Touristen mehr. Die Bevölkerung zieht sich mehr und mehr auf das Innere der Insel zurück, der Raum wird langsam eng. Und dann beschließt der Ältestenrat die Insel demnächst aufzugeben. Man nimmt Kontakt zu den Verwaltungen benachbarter größerer und höherer Inseln auf, mit der Frage einer allmählichen Umsiedlung der Bevölkerung. Eine fiktive Geschichte? Nein, es gibt im Pazifik bereits Inseln in genau dieser Situation. Und nicht nur dort, im Indischen Ozean sind es die Malediven, die in einigen Jahren die gleichen Probleme haben werden. Denn der Anstieg des Meeresspiegels beschleunigt sich gerade. Es sind auch nicht nur die Inseln betroffen, auch flache küstennahe Regionen wie die Niederlande sind von diesem Meeresanstieg bedroht. An der Küste von Fairbourne, einem Dorf im Norden von Wales/Großbritannien beträgt der jährliche Anstieg bislang knapp fünf Millimeter. Den Deich für die wenigen Häuser zu erhöhen wäre zu teuer, das Dorf wird aufgegeben, die Bewohner sollen umgesiedelt werden.

Ein vollständiges Abschmelzen der arktischen Eismassen über Land würde den Meeresspiegel um mehrere Meter ansteigen lassen. Tiefgelegene Regionen müssten vielleicht weite Teile ihrer Landfläche aufgeben, die Malediven wären im Meer verschwunden. Und die Menschen müssten umgesiedelt werden. Die dadurch verursachte Migration, die auf der kleinen Pazifikinsel nur den Umzug einer überschaubaren Gruppe ausmachte, würde erhebliche Ausmaße annehmen. In den Niederlanden wird mit großen Anstrengungen versucht, dieser Entwicklung entgegenzuwirken. Dämme werden erhöht und auch gefährdete Landflächen höher gelegt.

Das ist aber nur eine Auswirkung des Klimawandels, der zu großen Migrationen führt. Schlimmer wird sich vielleicht die Ausbreitung großer Dürrezonen auswirken. Ansätze dafür werden gerade auch in Deutschland, mehr noch in Südeuropa, und noch intensiver in Afrika und jenseits des Atlantiks in Kalifornien beobachtet. In Dürrezonen besteht Wassermangel, auch das Grundwasser geht zurück, die Landwirtschaft stirbt. Fehlende Ernährungsgrundlagen und Wassermangel vertreiben die Bevölkerung aus der Region.

Diejenigen, die das noch leisten können, nehmen auch weite Strecken in Kauf, um in freundlichere Regionen umzuziehen.

Andere Regionen der Erde werden gerade von zunehmenden Wetterkatastrophen heimgesucht. Wohl noch nie gab es so viele Wirbelstürme bis zur höchsten Kategorie 5 wie im Jahr 2020. Noch im November 2020 zerstörten zwei schwere Hurrikane im Wochenabstand Teile von Mittelamerika, auch über die Philippinen zogen zahlreiche schwere Taifune. Nicht nur die Zerstörungskraft der bis über 250 km/h wütenden Stürme verursachten die schweren Schäden, die Stürme führten auch gewaltige Regenmengen mit sich, die große Überschwemmungen verursachten. Das Wasser, das in vielen Regionen der Erde knapp wurde, gab es in anderen Regionen in zerstörerischem Übermaß.

Sollte sich diese Entwicklung der Dürrezonen einerseits und der Unwettergebiete andererseits fortsetzen, dann werden weite Regionen auf der Erde zunehmend unbewohnbar. Das wird Migrationsbewegungen auslösen, deren Dimensionen die aktuellen Flüchtlingsdiskussionen in Europa als ziemlich unbedeutend dastehen lassen werden. Die kommenden Migrationsströme sachgerecht und vor allem friedlich zu managen wird ganz andere Anstrengungen erfordern als die zuweilen recht kleinkarierten Diskussionen und Streitereien in Europa über die Aufnahme einiger hunderttausend Flüchtlinge aus aktuellen Krisengebieten. Nach Angaben des UNO-Flüchtlingshilfswerks (UNHCR) waren im Dezember 2020 weltweit 80 Millionen Menschen auf der Flucht, so viele wie nie zuvor, Tendenz steigend.

Die UNHCR legt bei ihrer Schätzung allerdings eine sehr weitreichende Definition der „Flucht" zugrunde, andere Schätzungen gehen von realistisch etwa 15 bis 20 Millionen tatsächlicher Flüchtlinge aus.

Was bei diesen Diskussionen oft unerwähnt bleibt, ist der Nutzen der Migration für die aufnehmenden Länder. Im Gegenteil wird die Debatte oft eher sehr emotional geführt, befeuert durch diffuse Ängste vor Arbeitsplatzverlust, Verständigungsproblemen, ungeordneten Verhältnissen bis zu vermehrter Kriminalität. Natürlich gibt es unter Migranten auch kriminelle Elemente, diese sind nach Gesetz und Recht zu behandeln. Aber vermutlich ist es doch eher eine Auswahl von gebildeteren Menschen, die sich frühzeitig zur Migration entschließt. Das Verlassen der Heimat ist eine schwerwiegende und für viele Menschen kaum vorstellbare Entscheidung. Sind es daher nicht gerade die intellektuell beweglicheren und flexibleren, vielleicht auch reicheren Menschen, die leichter und früher einen solchen Beschluss fassen und in die Tat umsetzen können? Eine reiche Volkswirtschaft wie unsere verkraftet nicht nur eine große Anzahl von Migranten, sie braucht diese geradezu. Meist sind Migranten zunächst auch bereit, einfache Arbeiten zu übernehmen, für die sich kaum noch Einheimische finden. Und auch der bereits jetzt beklagte zunehmende Fachkräftemangel in Deutschland in Industrie und Handwerk lässt sich dauerhaft nur dann beheben, wenn auch Migranten zu Fachkräften ausgebildet werden. Der zusätzliche Bedarf geht in die Hunderttausende.

Um diesen Nutzen greifbar zu machen, bedarf es lediglich eines rationalen Migrationsmanagements, sicher eine lösbare Aufgabe. Nur ist bei dieser Aufgabe hier, wohl aus Überforderung im ungeregelten Flüchtlingsansturm von 2015, vieles schiefgelaufen. Zuerst müssen klare Einwanderungsregeln aufgestellt und durchgesetzt werden. Legale Einwanderung, insbesondere von Fachkräften, ist erwünscht und dafür darf auch geworben werden. Schutzsuchende Migranten werden dagegen nach den Bestimmungen des Asylrechts oder gegebenenfalls auch anderer Schutzbestimmungen behandelt. Dann geht es um Kommunikation, bestehende Vorurteile auf beiden Seiten müssen abgebaut werden. Selbst in der chaotischen Situation 2015 war die Grundstimmung der Bevölkerung gegenüber den Flüchtlingen vielerorts zunächst ein Willkommen. Eine solche Willkommenskultur sollte der Staat begrüßen und unterstützen. Alle Migranten sind möglichst schnell in unsere Kultur und Lebensart zu integrieren. Ein Angebot an Eingliederungsmaßnahmen und Sprachkursen muss flächendeckend und verpflichtend vorhanden sein. Es wird sich nach kurzer Zeit vielfach auszahlen. Die Unterbringung von Migranten in Lagern mit Arbeitsverbot ist unsinnig und kontraproduktiv, sie fördert Ghettomentalität und Kriminalität. Migranten, die wohlwollend aufgenommen und unterstützt werden, die Arbeitsmöglichkeiten erhalten und Karrieremöglichkeiten sehen, werden eine positive Beziehung zu ihrer neuen Heimat finden und einen wichtigen Beitrag zur Volkswirtschaft leisten. Klar ist allerdings auch, dass es für ein solches effizientes Aufnahmemanagement Kapazitätsgrenzen gibt. Weder die Aufnahmemöglichkeiten noch die Aufnahmebereitschaft dürfen dabei überfordert werden. Eine solche „Obergrenze" der jährlichen Migrantenaufnahme ist durch den Bedarf und die tatsächlich vorhandenen Kapazitäten zu ermitteln und nicht etwa durch politische Auffassungen und willkürliche Festsetzungen. Aktuell kamen 2019 rund 28.000 ausländische Fachkräfte nach Deutschland, 2020 waren es trotz Corona geschätzt noch einige mehr. Die meisten angeworbenen Fachkräfte kamen von den Philippinen, aus Mexiko und aus Brasilien und fanden Beschäftigung im Gesundheitswesen. Sie wurden aktiv angeworben, weil der Fehlbedarf an Fachkräften in den deutschen Kliniken inzwischen eklatant ist.

Wenn es der Politik in Deutschland und in der Welt nicht gelingt, über ihren Schatten zu springen und ein vernünftiges Migrationsmanagement aufzubauen, dann könnten zukünftig Kriege um Nahrung, Wasser und Land die Folge sein. Niemand will das ernsthaft, aber wird die internationale Politik diesen Sprung schaffen?

Die geheimnisvolle Welt der Ozeane

Die Ozeane scheinen unendlich groß zu sein, tatsächlich sind aber auch sie nur ein begrenzter Lebensraum für ihre Bewohner. Dieser wird durch menschliche Einflüsse zunehmend gefährdet und bereits teilweise überfordert. Eigentlich wissen wir noch sehr wenig über die Lebewesen in den Tiefen der Meere und über die Prozesse, die sich darin abspielen. Zweifellos gibt es in der Tiefe auch eine Vielzahl von Arten, die wir bisher noch nie gesehen haben. Meeresforschung ist schwierig, in der Tiefe herrscht Dunkelheit und hoher Druck. Für den Menschen sind das extrem unwirtliche Umgebungsbedingungen. Ähnlich wie in der Wetterkunde werden heute Zusammenhänge und Prozesse in digitalen Modellen dargestellt, deren Richtigkeit dann soweit möglich anhand von Messungen überprüft wird.

Die vermeintliche Unendlichkeit der Ozeane hat die Menschheit bisher dazu verleitet, recht sorglos mit diesem Lebensraum umzugehen, seine Empfindlichkeit wurde lange nicht erkannt. Die schlimmsten Sünden der Vergangenheit und Gegenwart sind die Verseuchung des Wassers mit Öl und Radioaktivität, die Vermüllung der Meere insbesondere mit Plastik und die Überfischung.

Die krassesten Sorglosigkeiten im Umgang mit den Ozeanen sind dabei wohl die zahlreichen Atomwaffentests unter Wasser. Details darüber unterliegen regelmäßig der Geheimhaltung, angeblich wurden aber zwischen 1966 und 1996 im Südpazifik etwa 200 solcher Tests durchgeführt. Die weiträumigen Auswirkungen auf die maritime Natur waren vermutlich katastrophal und dauerhaft. Aber auch das Einleiten radioaktiver Abwässer seit dem Reaktorunglück in Fokushima im März 2011 führt immer noch zu einer weiträumigen erheblichen Belastung der maritimen Natur.

Greifbarer ist dagegen die Verschmutzung des Wassers mit Öl, weil Öl leichter ist als Wasser und deshalb zunächst sichtbar auf der Oberfläche verbleibt. Für den

Menschen macht Öl das Wasser ungenießbar, und zwar bereit in kleinster Verdünnung von eins zu einer Million. Gleichermaßen vergiften Ölteppiche auf dem Meer großflächig die Lebensräume der Meeresbewohner und tragen somit zum Artensterben bei. In der Öffentlichkeit erregen die gelegentlichen Ölkatastrophen durch havarierte Tanker oder defekte Bohrtürme die größte Aufmerksamkeit. Der Anblick der dadurch ölverschmierten Strände oder Gefieder der Seevögel berühren die Menschen. Weitgehend unbemerkt bleibt dagegen meist das eher noch gravierendere regelmäßige Ablassen von Öl durch die kommerzielle Schifffahrt, z.B. durch Reinigen der Tanks auf hoher See. Aber auch bezüglich der Luftverschmutzung und der CO_2-Emission gehört die globale Seefahrt zu den größten Umweltsündern. Etwa 2,5 Prozent der weltweiten CO_2-Emissionen gehen allein auf ihr Konto. Modernere Schiffe, die statt Schweröl Flüssiggas verwenden, tragen zur Minderung der Emissionen bei. Für zukünftige Schiffe wird mit Treibstoff auf Ammoniakbasis experimentiert, der bei der Verbrennung kein CO_2 mehr ausstößt.

Immer häufiger wird Müll an schöne Strände gespült, je nach aktueller Strömung mehr oder weniger. Das macht ein Problem für alle sichtbar, über das Seefahrer schon lange berichten, die zunehmende Vermüllung der Weltmeere. Von der Kaugummipackung über Fischernetze bis zum kompletten beladenen Seecontainer, geschätzt mehr als 100 Millionen Tonnen Müll schwimmen inzwischen auf und in den Ozeanen. Und täglich schwemmen Flüsse und wilde Müllkippen weiteren Müll ins Meer. Das ist eben einfacher und billiger als den Müll regelrecht an Land zu entsorgen. Dazu kommen etwa 3 Millionen Schiffswracks, die nach einer Schätzung der UNESCO auf dem Meeresgrund liegen und teilweise auch noch Öl, Chemikalien oder sogar radioaktive Stoffe enthalten. Der Müll gefährdet nicht nur den Lebensraum Ozean, sondern auch die Schifffahrt. Der Zusammenstoß mit einem heruntergefallenen Seecontainer kann für ein kleineres Boot den Untergang bedeuten, dieses Thema war sogar bereits Gegenstand eines Kinofilms.

Besonders kritisch für die Ozeane ist Plastikmüll, denn Kunststoffe sind sehr beständig. Sie kompostieren nicht und sind sehr resistent gegen äußere Einflüsse. Auch in den Mägen der Meeresbewohner werden sie nicht zersetzt oder aufgelöst. Allein auf der Wasseroberfläche der Ozeane verorten Wissenschaftler geschätzt 270.000 Tonnen Plastik. Das Material zerlegt sich in immer kleinere Stücke bis hin zu Mikroteilchen, die dann in die Tiefe absinken. Fische und andere Meeresbewohner betrachten Plastikmüll als Beute, an größeren Stücken verenden sie letztlich. Die Mikroteilchen geben sie dem Menschen im Fleisch der Speisefische zurück. Auch die zahllosen „entsorgten" Fischernetze werden für größere Meeresbewohner häufig zur tödlichen Falle. Aktuell verschärft die Corona-Krise das Problem noch weiter durch die verbrauchten Gesichtsmasken und Latexhandschuhe. Sie sind notwendig für den Schutz der Menschen vor der Infektion, aber gefährlich und oft tödlich für die Meeresbewohner, wenn sie als Abfall ins Meer gelangen. Geschätzt wurden 2020 etwa 1,5 Milliarden Gesichtsmasken in die Ozeane gespült, das macht rund 6.200 Tonnen zusätzlichen Plastikmüll. Die für die Masken verwendeten Polyester und Polypropylene sind sehr langlebig.

Ein kleiner Lösungsansatz könnte eine zunehmende Verwendung von „Biokunststoff" (Biopolymere) sein. Das sind Kunststoffe, die ganz oder teilweise aus nachwachsenden Rohstoffen bestehen und damit kompostierbar sind. Sicher können Biopolymere nicht das breite Spektrum von Kunststoffanwendungen abdecken. Eine Anwendung wäre beispielsweise die Verwendung als Plastiktüten für den Transport von Lebensmitteln vom Markt oder Lebensmittelabfällen zur Kompostierung. Andere Lösungsansätze bauen auf bessere Recyclingmöglichkeiten von Kunststoffen, zum Beispiel durch die Verwendung nur einer Substanz anstelle von Kunststoff-Gemischen für eine Verpackung. Alternativen zu herkömmlichen Kunststoffanwendungen sind meist teurer, eine flächendeckende Umstellung würde daher gesetzliche Regelungen erfordern.

In letzter Zeit gibt es vielfache Überlegungen, wie das Plastik wieder aus den Ozeanen entfernt werden könnte. Um das Plastik von der Meeresoberfläche einzusammeln, gibt es einige speziell dafür konstruierte Schiffe aus vielversprechenden Pilotprojekten. Eines davon, die „Manta", wurde von dem Schweizer Weltumsegler Yvan Bourgnon entwickelt. Angesichts der täglichen weiteren Zufuhr von Müll aus Flüssen und Halden in die Meere erscheinen solche Projekte wie eine Sisyphusarbeit. Zumindest sollte erst einmal die weitere Vermüllung der Ozeane jeweils an den Quellen gestoppt werden.

Eine 2019 in Leipzig gegründete Bundesagentur für Sprunginnovation hat sich die Aufgabe gestellt, bahnbrechende Forschungs- und Entwicklungsprojekte zu erkennen und zu fördern. Dort wird auch ein aktuelles Projekt gegen die Meeresverschmutzung mit Kunststoffen unterstützt. Die Idee ist, mit winzig kleinen Luftbläschen Mikroplastik aus dem Wasser herauszufiltern. Nichts sollte von vornherein für unmöglich erklärt werden.

Unzählige Fische und andere Meerestiere leben, teils in riesigen Schwärmen, in den Ozeanen. Eine scheinbar unerschöpfliche Nahrungsquelle auch für den Menschen, der er sich seit jeher auch gerne bedient hat. Mit zunehmendem Bedarf bei wachsenden Bevölkerungen der Kontinente und mit immer aufwändigerer Technik wurden auch die Fangmengen aus den Weltmeeren größer. Insgesamt werden heute jährlich gut 80 Millionen Tonnen Fisch aus den Ozeanen geholt. Damit wird der begrenzte Fischreichtum der Meere geradezu ausgeplündert. Die Überfischung der Meere findet praktisch weltweit statt und gilt als größte Bedrohung der Gesundheit der Meere und des Überlebens seiner Bewohner. Überfischung bedeutet, dass in einem Gewässer dauerhaft mehr Fische gefangen werden als durch natürliche Vermehrung nachwachsen oder zuwandern. 33 Prozent der kommerziell genutzten Fischbestände werden weltweit als überfischt klassifiziert, in der Nord- und Ostsee 41 Prozent, im Mittelmeer und im Schwarzen Meer sind es sogar 62 Prozent. Für viele Fischbestände fehlen allerdings genauere Daten. In der Kritik stehen aber nicht nur die Fangmenge, sondern auch die Fangmethoden. Schwere Schleppnetze zerstören den Meeresboden mit seiner gesamten Flora und Fauna. In den oft auch zu engen Netzen verfangen sich zahlreiche Fische und Meerestiere, die nicht verwertet werden und verenden.

Es gilt also die Überfischung zu stoppen, um nicht den Verlust ganzer Fischarten und damit dieser Nahrungsquelle zu riskieren. Im Fischfangbereich der Europäischen Union (EU) werden dazu im Rahmen der Gemeinsamen Fischereipolitik (GFP) Fangquoten, also Höchstmengen pro Jahr festgelegt. Wissenschaftlich wird die EU dabei vom Internationalen Rat für Meeresforschung (ICES) beraten. Die vereinbarten Fangquoten gehen aber vielfach über die wissenschaftlich angeratenen Mengen hinaus. Dazu gibt es offenbar einen nicht unerheblichen Anteil illegaler und undokumentierter Fischerei, die weltweit auf ein Volumen von bis zu 26 Millionen Tonnen geschätzt wird, insgesamt also gut ein Viertel des gesamten Fangs. Dass bei der Verteilung der Fangrechte erhebliche finanzielle Interessen im Spiel sind, zeigte sehr deutlich der erbitterte Streit um die Fischereirechte zwischen der EU und Großbritannien im Zusammenhang mit dem Brexit. Der schließlich gefundene Kompromiss zielte dann leider auch nicht wirklich auf eine Beendigung der Überfischung ab. Bei dem Streit wurde ebenfalls deutlich, dass es bei den Begrenzungen der Fangmengen auch um die Existenzen des Fischereipersonals geht, vom Einzelfischer im kleinen Boot in einem Entwicklungsland bis zum Matrosen auf einem modernen Fischtrawler. Das macht eine Beendigung der Überfischung nicht gerade einfacher.

Auch im Wasser der Ozeane macht sich die höhere Konzentration des CO_2 in der Atmosphäre bemerkbar. Sie führt dazu, dass der pH-Wert des in den Wolken gespeicherten Wassers sinkt, die Ursache des „sauren Regens". Dieser schadet der Vegetation auf dem Land, insbesondere die Wälder sind davon betroffen. Auch im Lebensraum Ozean werden zahlreiche Lebewesen und Nahrungsketten durch die zunehmende Übersäuerung beschädigt. Besonders betroffen sind Korallen, Krusten- und Schalentiere, die ihre Kalkpanzer nicht mehr in der gewohnten Stärke aufbauen können. Auch die Erwärmung des Wassers spielt bei den Abbauprozessen der Korallen eine Rolle. Die Bedeutung der Korallen ist kaum zu überschätzen. Zusammen mit den tropischen Regenwäldern stellen die Warmwasser-Korallenriffe die Lebensräume mit der höchsten Biodiversität auf der Erde dar. Die unendliche Schönheit der Unterwasserwelt, aber auch der grünblauen durch Korallenriffe gebildeten Lagunen mit palmenbewachsenen Stränden, haben für viele Menschen eine paradiesische Anziehungskraft. Aber es geht um viel mehr. Seit Millionen von Jahren haben die Korallenriffe große Menge an CO_2 aus der Atmosphäre gebunden, in Kalkstrukturen umgewandelt und damit unschädlich gemacht. Zugleich wurde Sauerstoff produziert, ohne den höheres Leben und damit auch der Mensch selbst nicht hätte entstehen können. Jetzt ist dieses ökologische System aus dem Gleichgewicht geraten, der Umbau der Korallen stagniert oder kehrt sich um. Ebenso geht der Barriereschutz, den die Korallenriffe für die Küsten darstellen, verloren.

Wie eine Lösung für die vielfältigen Probleme, die unsere Ozeane bedrohen, aussehen könnte, ist noch weitgehend unklar. Sicher ist nur, dass nationale Anstrengungen nicht ausreichen werden. Eine Lösung ist nur im gemeinsamen Erstellen von Regeln und Handeln im Rahmen einer internationalen Initiative denkbar. Der Schutz des Lebensraums Ozean mit seinen Fischbeständen als wichtige Nahrungsquelle der Menschen sollte diese gemeinsame Anstrengung wert sein.

Ordnung im Weltraum

Ein ähnliches Müllproblem wie die Ozeane hat auch der Weltraum. Seit 1957 Sputnik, der erste Satellit, in den Weltraum gebracht wurde, hat die Menschheit mit Satelliten und Raumfahrt nach aktuellem Registrierungsstand über 28.000 Objekte im Erdorbit belassen. Die meisten davon sind inzwischen Trümmer, die in unterschiedlichen Höhen oder auch auf elliptischen Bahnen die Erde umkreisen. Deren durchschnittliche Geschwindigkeit liegt um circa 28.000 km/h. Eine „Verkehrsordnung" gibt es im Weltraum nicht. Diese Objekte werden daher zunehmend zur Gefahr für heutige Satelliten und Raumschiffe. Kollisionen im Weltraum enden meist mit Totalverlust. Bei der enormen Bedeutung, die satellitengestützte Navigation und Steuerung inzwischen für viele Bereiche unseres täglichen Lebens haben, liegt die Bedrohung nicht nur im Weltraum, sondern betrifft auch unser Leben auf der Erde.

Erste Unternehmen wie Clearspace oder Astroscale haben sich inzwischen darauf spezialisiert, den Weltraumschrott wieder einzusammeln oder zum Verglühen zurück in die Erdatmosphäre zu befördern. Das ist technisch möglich, aber noch ungleich schwieriger und teurer als das Einsammeln von Müll auf der Meeresoberfläche. Politisch ist es außerdem brisant, da die Besitzverhältnisse der Flugobjekte oft unbekannt sind und sich auch militärische Objekte im Weltraum befinden. Wie so oft kann das Problem eigentlich nur in internationaler Zusammenarbeit befriedigend gelöst werden, vielleicht beginnend mit einer gemeinsamen Verkehrsordnung.

Ressourcen im Müll

Der größte Teil des von Menschen verursachten Mülls geht aber nicht in die Ozeane und schon gar nicht in den Weltraum, sondern wird auf dem Festland abgelagert oder verbrannt. Müll ist kein wertloser Stoff, sondern enthält viele wichtige Ressourcen, die wiederverwertet werden könnten, und von denen einige bereits in natürlichen Vorkommen knapp werden. Eine Wiederverwertung von Stoffen setzt aber voraus, dass diese aus dem Müll wieder herausgewonnen werden können. Dies geschieht am besten durch Mülltrennung bereits vor der Ablagerung des Mülls. Wiederverwertbare Stoffe werden vorab aussortiert und separat einem Recycling zugeführt. Bei manchen Stoffen wie Glas, Papier und Metall scheint das ja schon länger recht gut zu funktionieren.

Die Gesamtmenge des Mülls ist eindrucksvoll: Allein in der EU sind es jährlich etwa 2,6 Milliarden Tonnen, mit steigender Tendenz, seit dem Jahr 2000 bereits um ungefähr 20 Prozent. Die Corona-Krise hat das Wachstum noch einmal beschleunigt, es gab noch viel mehr Verpackungsmaterial im Versandhandel und der Gastronomie als vor der Pandemie. Die Mülltrennung in Deutschland wird hoch gelobt, funktioniert aber auch nur teilweise. Die Branche kalkuliert mit bis zu 50 Prozent „Fehlwürfen", d.h. Müll in der falschen Tonne. Auch Sondermüll wie Batterien landet in jeder zweiten Hausmülltonne.

Eine wichtige Ursache des Müllproblems liegt bereits im Funktionsprinzip unserer Wirtschaft. Die Produktionsmenge schafft Umsatz und Gewinn. Beständige und langlebige Produkte sind dabei nicht erwünscht, denn der Verfall oder die Veraltung des Produkts schafft neuen Umsatz. Die Textilindustrie lebt vom jährlichen Diktat der Mode. Unmengen nicht verkaufter Textilien werden vernichtet, da sie nicht mehr modisch sind. Aus dem gleichen Grund wird Kleidung vom Verbraucher entsorgt, obwohl sie noch gut verwendbar wäre.

Dieses umsatzgesteuerte Produktions- und Konsumverhalten gibt es in vielen Branchen, auch in der Telekommunikation. Das iPhone erscheint, ebenso wie andere Smartphones, jährlich als neues Modell, oft nur mit geringen relevanten Verbesserungen. Die Werbung sorgt dafür, dass spätestens nach 2 bis 3 Jahren ein neues Modell gekauft wird, obwohl das Gerät noch einige Jahre gut funktionieren würde. Die Hersteller machen allerdings eine längere Nutzung nicht gerade einfach. Die Möglichkeit von Reparaturen wird konstruktiv eingeschränkt. Software-Updates gibt es für ältere Modelle nach einigen Jahren auch nicht mehr. Ähnliches gilt für Fernseher und viele andere elektronische Konsumgüter. Dabei enthalten gerade Smartphones besonders wertvolle Ressourcen wie Gold, Kupfer und Seltene Erden, die teilweise bereits weltweit knapp werden. Umso wichtiger wäre ein organisiertes Recycling dieser Geräte, was aber zumindest nicht flächendeckend stattfindet. Man schätzt, dass bis zu 200 Millionen alte Smartphones ungenutzt irgendwo herumliegen und keinem Recycling zugeführt werden – oder illegal im Hausmüll landen.

Wichtige Rohstoffe, die durch enormen Verbrauch und mangelndes Recycling langsam zur Neige gehen, sind auch die Baustoffe Sand und Kies. Etwa 200 Tonnen davon stecken in einem Einfamilienhaus. Der beim Abriss oder Umbau eines Hauses entstehende Bauschutt wird kaum wiederverwertet, und wenn überhaupt, dann nur in minderwertiger Form, etwa als Schüttgut für den Straßenbau. Das massenhaft zur Wärmedämmung von Gebäuden verwendete Styropor endet beim Abriss meist als Sondermüll in der Verbrennung, beschönigend auch als „thermische Verwertung" bezeichnet, ohne dabei auf die Abgasbelastung mit schädlichen Substanzen einzugehen.

Die zunehmende Verknappung – und damit Verteuerung – von Rohstoffen macht Recycling für die herstellende Industrie zunehmend interessant. Bei Rohstoffen wie den Seltenen Erden wird es bald nicht mehr

ohne Recycling gehen, um Lieferengpässe aus Roh-
stoffmangel zu vermeiden. Aber auch bei Massenmate-
rialien wie Sand und Kies für die Bauwirtschaft regen
die Preissteigerungen inzwischen zum Nachdenken
über Alternativen und Recycling an. Insgesamt verwendet die deutsche Industrie zurzeit geschätzt etwa
15 Prozent Recyclingware für ihre benötigten Rohstoffe, Tendenz steigend. Bei Kunststoffen ist es noch etwas
weniger, da die Neuproduktion von Kunststoff noch
sehr billig ist. Erst steigende Ölpreise oder staatliche
Regelungen werden hier das Recycling attraktiver machen. Entsprechende politische Gedankenspiele in
Deutschland aber auch in der EU-Kommission erwä-
gen zum Beispiel eine Steuer auf Erdöl für die Herstellung von Kunststoffen ähnlich wie für Benzin und Die-
sel. Bisher sind die Kunststoffproduzenten davon be-
freit. Eine Baustoffsteuer auf Sand und Kies könnte die
Suche nach alternativen Bauformen beschleunigen. Ein
Recht auf Reparatur oder eine gesetzlich verlängerte
Garantiefrist würde zur Verlängerung der Lebensdauer
von Geräten beitragen. Ein Pfand auf Smartphones
könnte die Recyclingquote wohl erhöhen. Einige dieser
Maßnahmen sind in anderen Ländern bereits Realität.
Das Problem ist erkannt, und eine aufkommende Zero-
Waste-Bewegung eröffnet gute Chancen für kreative
Ideen und entsprechende Start-Ups.

Manche Ökonomen und Volkswirtschaftler gehen
mit ihren Forderungen noch weit über den vermehrten
Einsatz von Recycling hinaus, da dies nach ihrer Auffassung nicht ausreichen würde. Sie fordern gleich den
Verzicht auf die heutige Wachstumswirtschaft, was
einen sehr grundsätzlichen Systemwandel bedeutet,

der heute noch schwer vorstellbar erscheint. Schon sehr lange werden Volkswirtschaften vorzugsweise an ihrem Wirtschaftswachstum gemessen und bewertet. Kritik an dieser Messlatte hatte allerdings bereits 1972 der Club of Rome in seinem vielbeachteten Bestseller „Grenzen des Wachstums" geäußert, da es nach seiner Auffassung auf einem Planeten mit begrenzten Ressourcen kein unbegrenztes Wachstum geben könne. Die Realität scheint diese damals noch kühnen Prognosen nunmehr einzuholen.

Zeit für Wandel

Es gibt also einige schwerwiegende Probleme zu lösen, allen voran den Klimawandel zu stoppen. Dafür muss sich einiges ändern, das ist ganz offensichtlich.

Jeder Einzelne trägt mit seinem Verhalten, seiner Lebensweise zu den aktuellen Umweltproblemen bei. Er isst Fleisch und Fisch, produziert Müll, insbesondere Plastikmüll. Er verbraucht Energie für Heizung und Elektrizität, bewegt sein Auto, fliegt zu seinem Urlaubsziel und kauft Produkte und Lebensmittel, die lange Transportwege hinter sich haben. Wer weiß schon, dass z.B. die meisten Schnittrosen aus Ecuador kommen? Die Früchte in den Regalen der Supermärkte im Winter aus Peru, aus Brasilien, aus Afrika oder manche sogar aus Neuseeland? Warum wird in großen Mengen Wein aus Australien, Neuseeland, Südafrika und Chile nach Europa transportiert, wo hier bei uns in Europa viele der besten Weinlagen und -güter zu Hause sind?

Aber die Kritik an dieser Lebensweise wird lauter, eine „Umerziehung" der Bürger ist bereits in vollem Gang. Für bisher ganz normale Gewohnheiten hört der Bürger heute von Umweltorganisationen, aber zunehmend auch von seinen Mitbürgern Appelle, Ermahnungen und teils sogar Beschimpfungen. Nur die Politik hält sich auffällig bedeckt, man könnte sich ja unbeliebt machen. Des Bürgers liebe Gewohnheiten werden so lange verteufelt, bis seine Lust am Fliegen sich zu Flugscham wandelt, der SUV in der Garage versteckt wird und ihm sein argentinisches Rindersteak im Halse steckenbleibt. Seine verbleibenden Autofahrten werden zur Qual, da Fahrspuren großzügig in „Umweltspuren" für Busse und Fahrräder umgewandelt wurden und Langsamfahrzonen überhandnehmen. Parkplätze in der Stadt werden verteuert, in Fahrrad-Parkplätze umgewandelt oder gleich ganz abgebaut. Das erklärte Ziel ist, Autos möglichst weitgehend aus der Stadt zu verbannen. Großzügige, aber kaum realisierbare Abstandsregelungen zu Radfahrern kriminalisieren den Autofahrer bei praktisch jeder Stadtfahrt. Radfahrer sind politisch gewollt die neuen Könige der Straßen. Ich habe mir ein Fahrrad gekauft.

Wenn jeder mit seinem Verhalten zu den aktuellen Umweltproblemen beiträgt, dann kann er auch mit entsprechenden Verhaltensänderungen zur Lösung beitragen. Das ist die Logik dieser von vielen noch als Schikane empfundenen Vorwürfe und Maßnahmen. Deren Umsetzung wirft allerdings noch einige Fragen und Zweifel auf. Die Umweltspuren werden in Düsseldorf gerade wieder abgeschafft, weil ein Nutzen bezüglich der Schadstoffemissionen nicht erkennbar und auch zweifelhaft ist. Auch waren die Busfahrer nicht glücklich über die Radfahrer auf der gleichen Umweltspur.

Die als neue Leitlinie gefeierte allmähliche Verbannung der Autos aus der Stadt führt nicht unbedingt zu den angekündigten „lebenswerten Räumen" im Stadtzentrum. Sie könnte auch umgekehrt die gerade zu beobachtende Verödung der Innenstädte weiter beschleunigen. Werden zum Erhalt der Infrastruktur wie Shops und Restaurants notwendige zahlungskräftige Konsumenten dann nicht vielleicht lieber mit dem Auto in Trabantenzentren mit Parkhäusern ausweichen? Und eben diese Shops und Restaurants dann dem Geschäft folgend auch dorthin umziehen? Alternativ wäre es – gegen den aktuellen Trend – natürlich auch denkbar, die Innenstädte mit ausreichend vielen Parkhäusern zu versehen. Einer intelligenten Verkehrsberuhigung mit anderen Mitteln, zum Beispiel über Preise oder durch Pförtnerampeln, müsste dies nicht zwangsläufig im Wege stehen. Solche Gedankenspiele sind allerdings gerade nicht erwünscht und werden folglich ignoriert oder abgelehnt.

Die Anleitung der Bürger zu einem umwelt- und klimabewussten Verhalten ist sicher sinnvoll und auch notwendig – allein ausreichend ist sie aber nicht. Der einzelne nachdenkliche Bürger wird sich vielleicht ein kleineres Auto kaufen, aber solange es tolle SUVs im Angebot gibt, werden auch diese ihre Käufer finden. Die Quelle ist also vielmehr die Autoindustrie mit ihren Angeboten, und damit steht die Politik in einem

Dilemma: Sie könnte das regeln, aber dann stehen Arbeitsplätze gegen Umweltschutz.

Auch wenn dem Bürger Flugscham eingeredet wurde, den 99-Euro-Flug nach Mallorca wird er trotzdem buchen, solange es ihn gibt. Die Politik könnte das regulieren, scheut aber wohl die Auseinandersetzung mit der früher so starken und aktuell wegen der Pandemie notleidenden Tourismusbranche. Der Bürger, der auf den Kurzstreckenflug von Düsseldorf nach Hamburg verzichtet und mit dem Zug fährt, obgleich das teurer ist und ihn außerdem eine zusätzliche Übernachtung kostet, handelt verantwortungsbewusst. Er ahnt aber auch, dass dieser Verzicht keine Auswirkung hat. Der Flug findet auch ohne ihn statt und bleibt auch im Flugplan. Eine wirksame Maßnahme wäre dagegen ein Verbot von Inlandsflügen in Deutschland, besser noch in jeweils allen Ländern der EU. Das fordern allerdings gerade nicht einmal die GRÜNEN im kommenden Bundestagswahlkampf.

Dass sich in der gesamten Bevölkerung langsam ein zunehmendes Umweltbewusstsein durchsetzt ist sehr zu begrüßen. Wenn das dazu führt, dass sich viele Bürger in ihrer Lebensweise umweltbewusster verhalten, ist das gut. Es wäre allerdings eine gefährliche Illusion, vorwiegend darauf zu setzen und zu glauben, dass die Umweltprobleme so gelöst oder auch nur nennenswert gemildert werden könnten. Es braucht beides, ein allgemeines Umweltbewusstsein und gezielte Eingriffe des Staates.

Ein vor einigen Jahren vorgeschlagener freiwilliger „Veggie-Day" bringt wenig, da vegetarische Ernährung ohnehin im Aufwind ist. Der Fleischkonsum hängt viel mehr von den Förderungen und Produktionsbedingungen der Landwirtschaft ab, die politisch mitgestaltet werden. Ebenso wie Lärm wirksam nur an der Lärmquelle bekämpft werden kann, verhält es sich ähnlich auch bei anderen Umweltproblemen. Müll wird wirksam durch Verbote von unnötigen Verpackungen und Plastik vermindert, Kohlendioxid durch Vorschriften für die Energieindustrie und die Autoproduktion. Das gesteigerte Umweltbewusstsein wird es dann aber erleichtern, solche Regelungen zu akzeptieren. Die Dimension der nun zu lösenden Probleme und der dafür notwendigen Maßnahmen können allerdings nicht Einzelne oder Gruppen, nicht einmal einzelne Nationen bewältigen, sie erfordert ein konzertiertes internationales Zusammenspiel.

Das Umweltbewusstsein ist allerdings nicht überall gleich ausgeprägt, in den USA hat es zwischenzeitlich sogar deutlich abgenommen. Der Grund dafür mag im speziellen „American Way of Life" liegen, einer Lebensart, in der staatliche Regulierungen mit Einschränkungen der Freiheit nicht vorgesehen sind. Beigetragen hat aber sicher auch eine aufwändige Lobbyarbeit der betroffenen Industrie und ein in Umweltfragen absolut uneinsichtiger Präsident Trump, der kaum eine Gelegenheit ausgelassen hat, die wissenschaftlich ermittelten Ursachen des Klimawandels zu bestreiten. Im Februar 2019 schlug die demokratische Abgeordnete Alexandria Ocasio-Cortez dem US-Senat einen „Green New Deal" vor. Der Gedanke war angelehnt an den von Präsident Roosevelt 1933 initiierten New Deal, einem Maßnahmenpaket zur Überwindung der Folgen der Weltwirtschaftskrise. Occasio-Cortez forderte den Senat auf, der CO_2-Reduktion eine ähnliche Priorität einzuräumen wie in den 1960er Jahren der Mondlandung. Der Vorschlag wurde von der republikanischen Mehrheit im Kongress abgelehnt, ganz im Sinne des damals amtierenden Präsidenten Trump. Unter dem neuen US-Präsidenten Jo Biden scheint sich in Umweltfragen allerdings eine positive Wende abzuzeichnen.

Der Mensch – Ursache, und Lösung?

Der Mensch ist nicht das stärkste, aber wohl das am höchsten entwickelte und intelligenteste Lebewesen auf der Erde. Gäbe es hier ein höher entwickeltes oder intelligenteres Lebewesen als den Menschen, müssten wir es eigentlich kennen, würden wahrscheinlich bereits leidvoll seine Bekanntschaft gemacht haben. Denn auch der Mensch nutzt diese überlegene Position aus, um andere Lebewesen zu beherrschen und zu benutzen. Manchmal, wenn mich im Dschungel der Amazonasregion die Moskitos überfallen haben, kam mir allerdings auch schon die Frage in den Sinn, wer hier eigentlich wen beherrscht - aber letztlich hatte der Mensch mit dem Mückenspray dann doch die stärkere Position.

Die aktuellen Probleme, Plastikmüll in den Ozeanen, Verschmutzung der Gewässer, Klimawandel und wahrscheinlich auch die Pandemien sind letztlich alle von Menschen verursacht. Darüber besteht – bis auf

einige notorische Verweigerer – inzwischen weitgehend Klarheit. Es gibt also ein Hauptproblem auf dieser Erde und das sind wir, die Menschen. Für den Planeten Erde und seine übrigen Bewohner sind wir eben
nicht die Krönung der Schöpfung, sondern vielmehr
das größte Problem.

Die bisherigen Fehlentwicklungen sind zwar
schlimm, wären aber durchaus noch beherrschbar,
denn wir sind eigentlich sehr gut im Analysieren von
Problemen und im Finden von Lösungen. Was die
Menschheit bisher technisch erforscht, entwickelt und
hergestellt hat ist grandios und einzigartig. Es ermöglicht großen Teilen der Weltbevölkerung eine Lebensgestaltung, die sich frühere Völker und Kulturen selbst
in ihren kühnsten Träumen nicht hätten vorstellen
können. Eine Vielzahl von Entwicklungen, vom Wol-
kenkratzer bis zum iPhone sind Meisterwerke an Krea-
tivität, Erfindergeist und Ingenieurskunst. Auch für
schier unlösbare Einzelprobleme wie zum Beispiel die
Bergung tief verschütteter Bergleute, haben unsere
Ingenieure oft noch rechtzeitig geradezu wunderbare
Lösungen gefunden. Sie würden zweifellos auch Lösungen für unser Klimaproblem, für die Reinigung der
Meere und gegen die Ursachen der Migration finden.
Erste Ansätze dafür gibt es bereits.

Aus schwer verständlichen Gründen reicht das leider nicht. Es wäre wahrscheinlich ohne weiteres möglich, zeitnah solche technischen Lösungen zu finden
und zu realisieren – wenn die Menschheit sich dabei
nicht ständig selbst im Wege stehen würde. Die Unfähigkeit der Menschen auf Bedrohungen zu reagieren,

die die gesamte Spezies betreffen, hat schon der Neurologe und Psychiater Hoimar von Ditfurth erkannt und bereits 1985 in seinem Bestseller „So lasst uns dann ein Apfelbäumchen pflanzen" trefflich beschrieben - wegweisend für die Wahrnehmung von Umweltfragen in Deutschland. Denn eine notwendige Voraussetzung solcher sicher äußerst aufwändigen technischen Lösungen dieser Probleme wäre ein weitgehender Konsens der Menschheit über diese Lösungswege und die gemeinsame Bereitstellung der dafür erforderlichen intellektuellen und materiellen Ressourcen. Davon sind wir zurzeit allerdings meilenweit entfernt. Und – noch dramatischer – der Trend geht eher noch weiter weg von einem solchen Konsens in eine ganz andere Richtung.

Das hat viel mit einer gesellschaftlichen Entwicklung zu tun, die der Egozentrik huldigt, der Selbstdarstellung und Selbstverwirklichung eigener Vorstellungen. Das Gemeinwohl – sofern dieses überhaupt jemals im Vordergrund stand – gerät dabei mehr und mehr in die Bedeutungslosigkeit. Oder was ist davon zu halten, wenn sich zum Beispiel in der Phase eines noch sehr knappen neuen Impfstoffs alle Mitglieder des Stadtrates einer deutschen Großstadt erst einmal selbst bedienen, bevor der Impfstoff an die priorisierten hochgefährdeten Bevölkerungsgruppen gelangt? Oder wenn ein Bundesland von den anderen wegen einer angeblich besonderen Gefahrenlage solidarisch zusätzlichen Impfstoff erhält und dann bereits in der nächsten Woche vor allen anderen seine Restaurants wieder öffnet? Egoismus beginnt beim Individuum, und soziale Medien bieten dafür eine hervorragende Bühne. Die - oft stark geschönte - Darstellung der eigenen Person und Persönlichkeit sucht Anerkennung in den sozialen Medien wie Facebook oder Instagram. Die Anonymität des Internets ermöglicht dabei auch grenzwertige Darstellungen und Aussagen und fördert einen Trend zur Radikalität. Die sozialen Medien unterstützen mit ihren Algorithmen diesen Trend, indem sie den Teilnehmern bevorzugt solche Informationen zuspielen, die „zu ihnen passen", also ihre Darstellungen und Aussagen bestätigen und unterstützen. Es entstehen verfestigte Gruppen aufgrund gemeinsamer Identifikationsmerkmale, die sich zunehmend unter sich bestätigen und von der Außenwelt abschotten. Das Große und Ganze bleibt dabei außen vor.

Gleiche egozentrische Verhaltensmuster zeigen auch Gruppen, die zum Beispiel ihre politische oder religiöse Position oder auch ihre sexuelle Ausrichtung in den Fokus der gesellschaftlichen Diskussion stellen und zur Norm erheben wollen. Die ausufernde Genderdiskussion und bis zur Lächerlichkeit extreme Anforderungen an „political correctness" sind Ausdruck des unbedingten Willens auch von Minderheiten, ihre Vorstellungen und Forderungen in der Gesellschaft durchzusetzen. In den Gesellschaftswissenschaften wird dieser Trend neuerdings als „Identitätspolitik" bezeichnet.

Und nicht zuletzt zeigen auch Staaten solche egozentrischen Verhaltensmuster, am klarsten hat das Präsident Donald Trump mit seinem Slogan „America first" auf den Punkt gebracht. Wobei festzustellen ist, dass auch andere US-Präsidenten und selbstverständlich auch Staatslenker anderer Länder diese Maxime unausgesprochen verfolgt haben und verfolgen. Was die Frage aufwirft, ob und unter welchen Umständen eine Weltpolitik überhaupt im erforderlichen Maß konsensfähig sein kann.

Das Jahr 2020 hat uns diese ambivalente Position und Funktion der Menschheit vor Augen geführt wie kaum ein anderes Jahr zuvor:

- Eine Pandemie-Katastrophe, die blitzartig über uns hereinbrach, ungleich schneller als die drohende Klimakatastrophe, und ebenso schnell für die beschlossenen Notmaßnahmen fundamentale Werte und Verfahren unseres Staates in Frage stellte oder außer Kraft setzte.

- Menschlicher Forscher- und Erfindergeist, der in unglaublich kurzer Zeit von nur einem Jahr einen Impfstoff gegen das SarsCov2-Virus zum Einsatz brachte und dafür „mal eben" ein ganz neues Impfprinzip entwickelte, und das in äußert effizienter Kombination internationaler Konkurrenz und Kooperation.

Insbesondere auch bei der Entwicklung von Therapien der Covid-Erkrankung gibt es bemerkenswerte internationale Kooperationen zahlreicher Forschungsinstitute weltweit. Bei der Covid R&D Alliance arbeiten 20 der weltweit erfahrensten Experten der Arzneimittelforschung zusammen. Ein anderes Konsortium zur Entwicklung von Corona-Therapien wird von der EU und elf verschiedenen Pharmafirmen unterstützt.

Auf der anderen Seite stand 2020 ein offensichtlich fachlich und charakterlich unfähiger Präsident der USA, der jahrhundertelang gewachsene Werte seiner

Nation und der Menschheit ebenso mit Füßen trat wie die Wahrheit, Verträge und internationale Beziehungen, der log, protzte, verleumdete und den Klimawandel bestritt – und der dafür vier Jahre lang von einer knappen Hälfte seiner Nation auch noch bejubelt wurde. Sein Ignorieren der Realität und der Wahrheit war bequem und offenbar genauso ansteckend wie das Virus. Viele Menschen in den USA und dann auch in Europa glauben nicht an die Existenz einer Virus-Pandemie und lehnen die entsprechenden Schutzmaßnahmen ab. Verschwörungstheorien machen die Runde, auch gebildete Menschen, Ärzte, Lehrer und prominente Künstler sind ihnen verfallen. Das Jahr 2020 brachte dann aber auch die Wahlniederlage für diesen Präsidenten und gleichzeitig den erhofften wirksamen Impfstoff gegen das Virus. Die Schwächen der Menschheit aber auch ihre Genialität bei der Lösung von Aufgaben prallten in diesem Jahr so heftig aufeinander wie noch selten. Vielleicht ein Lichtstrahl in einer gerade düsteren Aussicht?

Das Versagen der Politik

So gut wie sich im Bereich der Wissenschaft Initiative, Kompetenz, Management und Koordination bei der Corona-Impfstoffentwicklung dargestellt haben, so groß sind die Zweifel, ob auch der Bereich der Politik zu einer solchen gemeinsamen Leistung fähig wäre. Gerade der weitere Verlauf der weltweit benötigten Impfungen gegen das Virus zeigt, dass dies ganz offensichtlich nicht der Fall ist. Die für ein optimiertes Ergebnis benötigte weltweite Koordinierung der zunächst knappen Ressourcen an Impfstoff gab es nicht. Stattdessen blockierten einige reiche Länder übertrieben große Kontingente des knappen Guts für sich, unter offen demonstrierter „We-first"-Attitüde. Selbst innerhalb der EU gab es Pannen und Verteilungsstreit. Immerhin wurden trotz der viel zu knappen EU-Ressourcen von dort aber noch einige andere Länder außerhalb der EU mitversorgt. Auch in Deutschland reihten sich Pannen und Versäumnisse bei der Pandemiebekämpfung zu einer beeindruckenden Liste auf: Beginnend bei der Impfstoffbestellung, über Korruption bei der Versorgung mit Masken bis zu leeren Versprechungen beim Angebot von Schnelltests. Es gab ein heilloses Durcheinander beschlossener Maßnahmen der Bundesregierung und der Ministerpräsidentenkonferenz, die dann auf lokaler und regionaler Ebene entweder noch verschärft oder auch ignoriert wurden. Schulen und Kitas wurden geschlossen, wieder geöffnet und wieder geschlossen, je nach Belieben der jeweiligen Landesregierung. Baumärkte, Möbelhäuser, Friseure und andere Geschäfte, Spielplätze und Kirchen blieben teils geöffnet oder auch geschlossen. Eine vorausblickende Strategie war nicht erkennbar, die Politik fuhr nach eigenen Angaben „auf Sicht". Die Regeln wurden ständig neu geschrieben und vor Ort dann wieder uminterpretiert. Der mit einer im Grundgesetz verankerten politischen Richtlinienkompetenz ausgestatteten Bundeskanzlerin war die Führung der Bundesrepublik offensichtlich entglitten – und das mitten in der größten Krise seit dem zweiten Weltkrieg. Erstaunlich unbeteiligt blieben auch die demokratisch gewählten Parlamente.

Insbesondere gelang es der Politik nicht, eine funktionierende Logistik der Impfungen nach einer vereinbarten Reihenfolge auf die Beine zu stellen. Konflikte zwischen den einzelnen Bundesländern untereinander und mit der Bundesregierung standen einer straffen Führung und Organisation dieser eigentlich überschaubaren Aufgabe im Wege. Vereinzelt mussten deshalb sogar wertvolle Impfdosen verworfen werden.

Die von einem Ethikrat ermittelte Prioritätenfolge der Impfungen war schnell Makulatur, manche Berufsgruppen und sogar einzelne Politiker drängelten sich schamlos vor. Für eine teure und nahezu wirkungslose „Corona-Warn-App" entstehen bis Ende 2021 Kosten von etwa 60 Millionen Euro. Erst ein Rapper, Smudo, zeigte auf, wie mit einer einfacheren und viel billigeren App, Luca, eine effizientere Kontaktnachverfolgung bei infizierten Personen möglich ist. Zusammen mit einem geeigneten Einsatz von Schnelltests, Abstandsregeln und Maskenpflicht könnte so der Zugang zum öffentlichen Leben erhalten bleiben, Handel und Wirtschaft würden wieder funktionieren. Trotz positiver Erprobung reagierte die Politik auf Luca erst einmal sehr verhalten. Auch nach einem Jahr Pandemie fiel der Bundesregierung und den Ministerpräsidenten der Länder nichts anderes ein als mit dem Holzhammer weiterer Lockdowns das öffentliche Leben totzuschlagen. Die damit verbundenen enormen wirtschaftlichen und gesellschaftlichen Schäden wurden zwar bedauert, aber als „alternativlos" in Kauf genommen. Dass es inzwischen auch intelligentere Lösungen gab und gibt, zeigen einige regionale Projekte, die sich dem staatlichen Diktum widersetzten und eigene Strategien entwickelten.

Das macht nachdenklich, weil es das aktuelle Bild sich häufender Fehlleistungen in Deutschland bestätigt, die mit dem früheren Bild einer intellektuell und technisch führenden Industrienation nicht mehr in Einklang zu bringen sind. Der Bau des Flughafens Berlin (BER) mag dafür als Symbol stehen. Weit gravierender sind aber Versäumnisse und Rückstände bei der Digitalisierung, der Infrastruktur der Verkehrswege und der Telekommunikation, der Elektromobilität und nicht zuletzt bei dem lange versprochenen Bürokratieabbau. Längst überfällige Reformen fanden und finden nicht statt, ein „Weiter so" war die überwiegende politische Losung des letzten Jahrzehnts. Weiterführende und zukunftsweisende Visionen gab es praktisch nicht, selbst der kühne Atomausstieg war eher eine Schreckreaktion nach der Fokushima-Katastrophe als eine Vision, nachdem man ja kurz vorher die Laufzeiten der Kernkraftwerke sogar noch verlängert hatte. Steht Deutschland vor dem Abstieg in die zweite Liga? Oder sind wir dort vielleicht schon längst angekommen?

Jedenfalls hat hier die Wissenschaft bei der Pandemiebekämpfung ihre Hausaufgaben wesentlich schneller und erfolgreicher erledigt als die Politik. Die Beziehung zwischen Wissenschaft und Politik ist ohnehin schwierig. Grundsätzlich wäre eine wissenschaftlich untermauerte, also rationale Politik wünschenswert. Die praktische Politik neigt allerdings zu der bereits beschriebenen Identitätspolitik, dem Verfolgen feststehender Positionen, etwa aus einem Parteiprogramm oder einem Koalitionsvertrag. Wissenschaft ist dagegen ergebnisoffen, mit einer vorgefassten Überzeugung für ein bestimmtes Ergebnis wird Wissenschaft sinnlos. Sie kann dann sogar missbraucht werden, indem ihre Ergebnisse einseitig ausgelegt und gegenteilige Ergebnisse unterdrückt werden. Eine Politik, die eine bestimmte Überzeugung vertritt, will vielleicht gar nicht wissenschaftlich argumentieren. Auch innerhalb der Wissenschaften selbst hat sich eine solche Blockade teilweise bereits eingenistet. Der israelische Historiker Gadi Taub bringt das in seinem Essay „Wenn die Wahrheit verboten ist" auf den Punkt:

„Im letzten halben Jahrhundert fand in der Wissenschaft eine erstaunliche Umwälzung statt. Ganze Disziplinen haben ihre ursprüngliche Bestimmung – das Streben nach Wahrheit – durch dessen Gegenteil, nämlich ein Wahrheitsverbot ersetzt." (Zitat entnommen aus Cicero 09.2020)

Das bedeutet, dass selbst wenn sich die Weltgemeinschaft auf eine gemeinsame wissenschaftliche Betrachtung und Lösung der Probleme einigen könnte, dann wäre immer noch nicht ausgeschlossen, dass identitäre Strömungen eine solche Studie einseitig ausrichten oder interpretieren würden.

Von einem gemeinsamen wissenschaftlich untermauerten Vorgehen im Konsens ist die Weltgemeinschaft ohnehin noch sehr weit entfernt. Das erfordert zunächst eine gemeinsame Institution, die international anerkannt ist und von der Weltgemeinschaft einen entsprechenden Auftrag erhält. Über eine Selbstverpflichtung der beteiligten Länder könnten die benötigten Ressourcen bereitgestellt werden. Eine im Konsens so ausgestattete Institution gibt es derzeit nicht, am nächsten kommen ihr vielleicht die Vereinten Nationen (UN).

Hier ist ein Stimmungsbild vom 75. Geburtstag der Vereinten Nationen (UN) im September 2020:

Der Festakt wird virtuell begangen, eine hervorragend entwickelte IT macht es möglich. Aber es ist einfach nicht das Gleiche wie die persönliche Begegnung der Staatslenker. Der US-Präsident Donald Trump hatte gleich ganz abgesagt, solche internationalen Gremien waren ihm bekanntermaßen ohnehin zuwider. Bereits mehrfach hatte er angekündigt, die Beiträge der USA für die UN zu kürzen oder zu streichen, da er die Organisation für einen ineffizienten Debattierklub hält. So ganz unrecht hat er damit nicht einmal, denn bei den meisten kritischen Diskussionen, die Entscheidungen erfordern, wie zum Beispiel zuletzt im Syrien-Krieg oder der Libyen-Krise, blockierten sich die fünf Veto-Mächte gegenseitig, so dass es zu keiner Entscheidung kam. Seit mehr als zehn Jahren wird in der UN darüber diskutiert, diese ineffiziente Struktur zu reformieren.

Der deutsche Außenminister, Heiko Maas, schickte zum UN-Festakt eine Botschaft:

„Kein Land, egal wie groß es ist, kann sich den globalen Herausforderungen allein stellen".

Ein wahrhaft weises Statement – aber sehr wahrscheinlich ist es weitgehend ungehört verhallt. Weil es niemanden interessiert? Die bittere Wahrheit, die den Schlüssel zur Lösung der Herausforderungen enthält, will niemand hören? Den Schlüssel, der schlicht lautet: Da es niemand allein schaffen kann, müssen wir es gemeinsam angehen.

Woran liegt das? Welche Hindernisse stehen einem gemeinsamen Vorgehen entgegen? Die Identitätspolitik der Nationen, die stets auch mit nationalen Egoismen verbunden ist, spielt dabei wohl die wichtigste Rolle. Wenn jede Nation ihre nationalen Interessen mit Priorität verfolgt („America first"), dann ist ein gemeinsamer Weg schwer zu finden, wenn nicht sogar prinzipiell verbaut. Wenn eine führende Weltmacht dieses Vorbild gibt, wird es noch schwieriger. Bei der hochakuten Dringlichkeit der aktuellen Umweltprobleme muss aber die Priorität einer gemeinsamen Lösung gegeben werden, sonst kann es nicht funktionieren.

Das ist intellektuell eigentlich nicht so schwer zu verstehen. Unverständlich bleibt nur, warum in einer so brandgefährlichen Lage dieses absolut notwendige Umdenken nicht schon längst stattfindet. An dieser Stelle darf vielleicht auch einmal kritisch die Qualifikation des internationalen politischen Spitzenpersonals hinterfragt werden. Angesichts der verbreitenden Untätigkeit bis hin zur Blockade notwendiger Entscheidungen scheinen bei der Qualifikation vieler Staatslenker bezüglich der Intellektualität, der Strategiefähigkeit und nicht zuletzt der Ethik doch erhebliche Defizite zu bestehen. Es entsteht nicht der Eindruck, dass hier jeweils die Besten der Nationen an der Spitze stehen, um das Beste zu erreichen. Was auch immer sonst der Grund für die getroffene Auswahl sein mag.

Und warum sind es überwiegend alte, teils sehr alte Männer, die das Weltgeschehen steuern, und denen allenfalls superengagierte junge Leute Paroli bieten?

Hat da etwa eine nachfolgende, politisch eher desinteressierte Generation die Möglichkeit politisch gestaltend zu wirken schlicht verschlafen? Wo sind die jüngeren teamorientierten, aber auch charismatischen Führungspersönlichkeiten, die den Ernst der Lage begriffen haben und die anderen mitnehmen, um die gemeinsamen Probleme zu lösen? Ein Rundumblick auf das aktuelle weltpolitische Geschehen ist da wenig ermutigend. Die Politik hat bei den Themen Klima, Ozeane und Migration bisher weitgehend versagt. Kann sie den Umschwung, die notwendige Kurskorrektur überhaupt noch schaffen? Die Frage ist berechtigt, denn schon bei vergleichsweise winzigen Problemlösungen ist die erforderliche Einigkeit oft nicht zu erzielen. So wird zum Beispiel seit etwa 25 Jahren der Nutzen der zweimaligen jährlichen Zeitumstellung in Europa bezweifelt. Mehrere Studien haben dargelegt, dass der Schaden den Nutzen überwiegt. 2018 wurden die EU-Bürger zu diesem Thema befragt, von 4,6 Millionen abgegebenen Stimmen sprachen sich 84 Prozent für die Abschaffung der Zeitumstellung aus. Passiert ist seitdem nichts, da die erforderliche Einigkeit für einen entsprechenden EU-Beschluss nicht herzustellen war.

Und doch bewegt sich etwas beim Thema Klima, und das gerade in der EU! Den Anstoß gab die Deutsche Ursula von der Leyen, Präsidentin der Europäischen Kommission seit dem 1. Dezember 2019. Bereits knapp zwei Wochen nach ihrem Amtsantritt brachte von der Leyen am 11. Dezember 2019 einen „europäischen grünen Deal" auf den Weg, der zum Ziel hat, Europa bis 2050 zum ersten klimaneutralen Kontinent zu machen. Nicht nur, dass eine solche Dynamik bisher nicht gerade EU-typisch war, erstaunlicherweise fand der Plan auch umgehende Zustimmung der meisten Staats- und Regierungschefs der EU. Deutschland, Frankreich und die Niederlande bemühen sich seitdem eine Vorreiterrolle einzunehmen, in Italien wurde Klimaschutz 2020 zum Schulfach. Nun ist ein guter Plan allein noch keine Garantie für einen Erfolg, aber zumindest ein Anfang. Wenn er dann erst einmal in einem EU-Gesetz fixiert ist, dann sind alle EU-Länder ihrerseits verpflichtet, den weiteren Weg zur Zielerreichung in einem nationalen Klimaplan festzulegen.

Leider dauern solche Prozesse wie die Erstellung eines nationalen Klimaplans in unserer Staatsform der Demokratie ziemlich lange. Es kann eben nicht einfach „von oben" angeordnet werden, vielmehr müssen für wichtige Entscheidungen Mehrheiten gewonnen werden. Das ist umso schwieriger, wenn es sich um unpopuläre Entscheidungen handelt, die mit einem Verzicht oder Verlust einhergehen. Auch das Umsetzen notwendiger Forderungen, z.B. zur Reduktion von CO_2, braucht eben in demokratischen Beschlussverfahren seine Zeit. Aber die Prozesse sind im Gange. Gleichwohl wird auch immer wieder die Frage aufgeworfen, ob unsere Demokratien wirklich in der Lage sind, die notwendigen und teils einschneidenden Veränderungen für das Erreichen der Klimaziele schnell genug durchzusetzen. Bereits 2007 hat sich das australische Autorenteam Shearman/Smith in ihrem bemerkenswerten Buch „The Climate Change Challenge and the Failure of Democracy" mit dieser Frage erstmals auseinandergesetzt.

Doch selbst wenn es der EU gelingt im Klimaschutz den Vorreiter zu geben, wie groß ist die Chance, dass andere Kontinente unserem Beispiel folgen werden? Bisher deutet nicht viel darauf hin. Der Weg von der Selbstverwirklichung bis zur Gemeinsamkeit, vom nationalen Interesse bis zum gemeinsamen Kampf um den Erhalt der Lebensbedingungen für alle scheint ein weiter Weg zu sein.

Ein weiterer Staatslenker macht Hoffnung, der Papst. Papst Franziskus, Chef des Vatikanstaats und zugleich der weltumspannenden katholischen Kirche, ist aktuell vielleicht die einzige internationale Autorität, die die Notwendigkeit eines gemeinsamen solidarischen Handelns in der aktuellen Lage verstanden hat und in der Lage ist, dieses mit mahnenden Worten an die Welt auch einzufordern. Eben das ist, neben anderen Themen, auch Inhalt seiner Enzyklika „Fratelli Tutti" vom 4. Oktober 2020. Schon in einer früheren Enzyklika „Laudato Si" von 2015 hatte Papst Franziskus vor der Umweltzerstörung gewarnt und den Schutz der Schöpfung angemahnt. Nun kritisiert er insbesondere *„verbohrte, übertriebene, wütende und aggressive Nationalismen", „weit verbreiteten Egoismus"* und eine *„Unfähigkeit hinsichtlich eines gemeinsamen Handelns"*. Vielleicht hat gerade dieser Papst durch seine ausgeprägte persönliche Bescheidenheit den richtigen Blickwinkel auf das Geschehen, der anderen Staatslenkern mit ihren Machtspielen abhandengekommen ist? Auch wenn der Einfluss des Papstes auf die Weltpolitik begrenzt ist, so ist es doch sehr zu begrüßen, dass eine weltweit beachtete moralische Autorität hier einmal mit deutlichen Worten den Finger genau auf die Wunde legt, die der Lösung unserer aktuellen Probleme im Wege steht.

Ein weiterer geistlicher Führer sieht im Klimawandel die derzeit größte Bedrohung der Menschheit. In seinem neuen, gemeinsam mit Franz Alt verfassten Buch appelliert auch der Dalai Lama an die Weltbevölkerung, endlich etwas gegen den Stillstand und die Ignoranz hinsichtlich der Bedrohung durch den Klimawandel zu unternehmen. *„Wir Menschen sind die einzige Spezies, welche die Kraft hat, unseren Planeten und sein Klima zu zerstören – oder noch zu retten"*, sagt Tenzin Gyatso, der 14. Dalai Lama, der als spirituelles Oberhaupt der buddhistischen Tibeter weltweit für sein Engagement für den Weltfrieden verehrt wird („Der Klima-Appell des Dalai Lama an die Welt", Benevento Verlag München-Salzburg 2020).

Die Kraft von unten

Es geht natürlich auch andersherum. Wenn die Führung keine Lösungen zustande bringt, dann können Veränderungen auch von unten, also aus dem Volk heraus bewirkt werden. Es wäre nicht das erste Mal, dass Völker bei Untätigkeit oder Fehlverhalten der Regierenden das Ruder in die Hände nehmen und Kurskorrekturen erreichen. Das muss nicht immer gleich eine blutige Revolution sein. Es geht auch friedlich, wie zuletzt die deutsche Wiedervereinigung vor 32 Jahren gezeigt hat.

Solche Bewegungen von unten, die speziell auf Umweltschutz ausgerichtet sind, gibt es schon lange. Eine der prominentesten ist Greenpeace, 1971 in Vancouver/Kanada gegründet und weltweit agierend.

In den USA agierten dagegen lange nur einzelne Splittergruppen gegen den Klimawandel, bis dann im April 2017 in New York das „Sunrise Movement" gegründet wurde. Konkreter Auslöser der Bewegung war die Politik des Präsidenten Donald Trump, der jegliche Umwelt- und Klimaprobleme beharrlich leugnete. Der Gründerin, Varshini Prakash, einer damals 25jährigen Politologin aus Massachussets, gelang es, die bisher wichtigsten Umweltgruppen, z.B. 350.org und Sierra Club, in das Sunrise Movement mit einzubinden und deren finanziellen und organisatorischen Möglichkeiten mitzunutzen. Der Durchbruch der Bewegung gelang im November 2018, als sie vor dem Büro von Nancy Pelosi, der führenden Demokratin und Sprecherin des Repräsentantenhauses, ihre Forderung nach einem „Green New Deal" vortragen konnten. Ab dann konnte die wesentlich von der Jugend getragene Bewegung erheblich an politischem Einfluss gewinnen. Im Mai 2019 erhielt Sunrise Movement den mit 250.000 US$ dotierten Henry A. Wallace Award. Ende 2020 besaß dieses inzwischen wohl einflussreichste Aktivistennetz der USA bereits 400 autonome Stützpunkte in 50 Bundesstaaten mit insgesamt etwa 1 Million Mitgliedern. Zwar hat sich der neue US-Präsident Jo Biden nicht mit dem Green New Deal identifiziert, der von den Republikanern als Sozialismus verteufelt wird. Er wird aber wahrscheinlich nicht umhinkommen, zumindest einige Punkte des Deals in sein Programm einfließen zu lassen.

Im August 2018 wurde dann eine neue Bewegung gegründet, Fridays for Future (FFF), die sich die Verhinderung oder zumindest die Unterbrechung des Klimawandels zum Ziel gesetzt hat. Die Gründerin, Greta Thunberg, Jahrgang 2003, begann die Bewegung mit einem Schulstreik jeweils freitags, um an diesen Tagen gegen den Klimawandel zu protestieren. Rasch wurde daraus eine globale soziale Bewegung, ausgehend von Schülern und Studenten. Am 15. März 2019, dem Tag des ersten weltweit organisierten Klimastreiks, gingen insgesamt ca. 1,8 Millionen Protestierende auf die Straßen, am 20.September 2019 allein in Deutschland nach Angaben von FFF 1,4 Millionen.

Trotz des jugendlichen Alters der Gründerin ist der beachtliche Erfolg der Bewegung FFF ganz wesentlich auf ihre Persönlichkeit und ihren Einsatz zurückzuführen. In nur zwei Jahren gelang es Greta Thunberg bereits, mit zahlreichen spektakulären Auftritten auf maßgeblichen internationalen Konferenzen große Aufmerksamkeit der Öffentlichkeit, aber auch wichtiger politischer und wirtschaftlicher Leiter zu erreichen. Ihre mutigen und deutlichen Ansagen und Vorwürfe an diese Zielgruppen verschafften ihr Respekt. Sie referierte unter anderem auf
  - der UN-Klimakonferenz in Katowice 2018,
  - dem Weltwirtschaftsforum in Davos 2019,
  - dem Wirtschafts- und Sozialausschuss der EU 2019,
  - dem UN-Klimagipfel in New York 2019,
  - dem britischen Parlament in London 2019, sowie

- dem Weltwirtschaftsforum in Davos 2020.

Für ihre Initiative und ihren Einsatz erhielt Greta Thunberg bereits eine beeindruckende Anzahl von Preisen und Ehrungen, u.a. (mit 17 Jahren) eine Ehrendoktorwürde der belgischen Universität Mons. Möglicherweise befähigt sie auch eine besondere Eigenschaft, das Asperger-Syndrom, zu dem sie sich offen bekennt, für diese außergewöhnlichen Leistungen und Auftritte.

Soweit dieser überaus erfolgreiche Auftakt der FFF. Aber nun stellt sich die Frage, wie es denn jetzt weitergehen soll. Die bisherigen Instrumente, Einzelauftritte und Straßendemonstrationen wurden zuletzt durch die Pandemie erheblich behindert und nutzen sich durch Gewöhnung auch ab. Sie müssen nun mindestens durch eine erweiterte Strategie ergänzt werden. Das bisherige Vorgehen im Sinne einer Identitätspolitik, kollektive Empörung über eine erkannte Betroffenheit, reicht nicht aus. Es ist zudem gefährlich, da es Konflikte schürt, anstatt Probleme zu lösen; eine nur einseitige Sichtweise zudem der Komplexität der Probleme nicht gerecht wird und so letztlich Lösungen sogar behindern kann. Die Vision ist soweit gut angekommen, aber jetzt braucht es konkrete Gestaltungsvorschläge und eine praktikable Strategie für deren Umsetzung. Die Gestaltungsvorschläge kann die Wissenschaft liefern, die Umsetzung geht dagegen nicht ohne die Politik. Die Annäherung an die Politik ist allerdings für FFF eine kritische Phase. Der Anschluss an eine Partei würde ins Leere führen, wenn diese dann nicht gewählt wird. FFF muss also versuchen, sich in allen Parteien so zu etablieren, dass kein Partei- oder Koalitionsprogramm mehr ohne geeigneten Klimaschutz möglich sein wird. In dieser Frage, ebenso wie in der Frage der zukünftigen Struktur und Rechtsform der Organisation ist das Meinungsbild FFF-intern aber keineswegs einheitlich. Auch Individualinteressen und persönlicher Ehrgeiz spielen wie überall mit. Die Pandemie hat die Bewegung deutlich gebremst, unter den gegebenen Einschränkungen kam es nur noch vereinzelt zu Demonstrationen und Aktionen. Die Dringlichkeit des Klimaproblems verblasste in der öffentlichen Wahrnehmung gegenüber der unmittelbaren Bedrohung durch das Virus.

Ob letztlich die Einsicht der großen Weltpolitik oder die Kraft von unten den Ausschlag für die notwendige Kurskorrektur geben wird, und ob das noch rechtzeitig geschehen wird, darüber kann gerade nur spekuliert werden. Ideal wäre vielleicht ein Zusammenwirken beider Kräfte in gegenseitiger Ergänzung und Verstärkung. In der heutigen Altersstruktur der Gesellschaft sind junge Menschen gegenüber den Alten unterrepräsentiert. Eine Million jugendlicher Demonstranten auf der Straße zeigen dann sehr deutlich, dass offenbar ein sehr großer Anteil der jungen Menschen sich mit den Forderungen der FFF identifiziert – ein eindeutiges Statement! Es wäre nicht das erste Mal, dass durch Proteste der Jugend wesentliche gesellschaftliche Umbrüche eingeleitet wurden. Dieses Szenario erscheint auch hier nicht unwahrscheinlich, die notwendige Initialzündung dafür hat FFF erfolgreich gegeben. Aber alle müssen sich nun beeilen.

Freiheit

Jetzt, in Zeiten der Corona-Pandemie, wurde Freiheit wieder einmal zu einem großen Thema öffentlicher Diskussionen, zumindest in demokratischen Ländern. Bisher eher als fast selbstverständlich wahrgenommen, wurde die Freiheit in den meisten Ländern gerade in wichtigen Punkten eingeschränkt, um eine weitere Ausbreitung der Pandemie zu stoppen. Die Einschränkungen betreffen zum Beispiel Ausgangsbeschränkungen, Einschränkung von Reisemöglichkeiten, Schließung von Geschäften und Dienstleistungen sowie die Pflicht eine Gesichtsmaske zu tragen. Die Mehrheit der Bevölkerungen hat diese Maßnahmen weitgehend akzeptiert, obwohl ihre tatsächliche Wirksamkeit zumindest anfangs noch umstritten war. Eine immerhin auch nicht unerhebliche Minderheit akzeptierte diese Einschränkungen ihrer Freiheit aber nicht und ging in den Protest. Als sich auch radikale Randgruppen dem Protest anschlossen, die den Staat grundsätzlich ablehnen, kam es zu gewaltsamen Auseinandersetzungen, z.B. einen Sturm auf das Parlamentsgebäude in der Hauptstadt Berlin. Die Gründe für den Protest waren unterschiedlich. Teils konnten oder wollten die Protestierer die Gefahr durch die Pandemie wohl nicht erkennen, bei anderen waren eher grundsätzliche Bedenken gegen die Einschränkungen von Grundrechten ausschlaggebend. Solche Einschränkungen sind zwar aus wichtigen Gründen auch per Dekret möglich, müssen aber auch „verhältnismäßig" sein. Im Zweifel entscheiden darüber dann die Gerichte, und die kamen in den umstrittenen Einzelfällen im Laufe des Jahres 2020 auch zu recht unterschiedlichen Einschätzungen der

Verhältnismäßigkeit. Manche Maßnahmen mussten daraufhin zurückgenommen werden. Insgesamt zeigte sich in diesem schwierigen Jahr für Deutschland bei aller Unterschiedlichkeit der Auffassungen das Bild einer funktionierenden Demokratie. Die Meinungsvielfalt spiegelte sich auch in den politischen Parteien wider, wobei die Freien Demokraten (FDP) traditionell den Grundrechten und der Freiheit eine besonders hohe Priorität zuweisen, während andere Parteien einer strikteren staatlichen Regelung den Vorzug geben würden.

Bezüglich der Einschränkung persönlicher Freiheiten aufgrund einer generellen Gefahrenlage könnte die Corona-Krise vielleicht später einmal rückblickend als die Erprobung des Ernstfalls Klimakrise angesehen werden. Denn ganz ähnliche Maßnahmen und Diskussionen wird es in absehbarer Zeit zur Bewältigung der Klimakrise geben. Auch dafür werden vermutlich bisherige Rechte und Freiheiten teilweise eingeschränkt werden müssen, um die gesteckten Ziele zu erreichen. Zum Beispiel wurde im Januar 2021 auf Initiative der Bundesumweltministerin Swenja Schulze eine Installationspflicht für Solarelemente auch auf Privathäusern diskutiert. Auch die Reisefreiheit, insbesondere für Flugreisen, steht in der Diskussion. Aber sogar die Notwendigkeit der Umweltziele wird bereits heute von einer Minderheit der Bevölkerung bestritten.

Einschränkungen persönlicher Freiheiten müssen nicht unbedingt durch staatliche Dekrete oder Verbote erfolgen, sie lassen sich auch indirekt über den Markt regeln. Wenn es zum Beispiel keine Inlandsflüge mehr gäbe, oder sich diese durch staatliche Preiseingriffe erheblich verteuerten, dann hätte das konkrete Auswirkungen auf die Mobilität und das Reiseverhalten der Bevölkerung.

Nicht wenige Autoren kritischer Analysen gehen mit ihren Empfehlungen noch deutlich über solche Einzeleingriffe in die persönliche Freiheit der Bürger hinaus und stellen gleich die gesamte Lebensweise erfolgreicher industrieller Gesellschaften in Frage. Ständiges Wirtschaftswachstum, bisher als Quelle des allgemeinen Wohlstands angesehen, dürfe es nicht weiter so geben, die heutige Konsumgesellschaft insgesamt sei mit begrenzten Ressourcen und notwendigem Umweltschutz nicht in Einklang zu bringen. Die bisherige Verschwendung von Ressourcen und Energie für immer neue und immer mehr Konsumprodukte müsse beendet werden.

Dies weitergedacht bedeutet, zumindest für die westlichen Industriegesellschaften, die meisten bisherigen Ideen, Traditionen, Ziele und Werte einer individuellen Lebensgestaltung für ungültig zu erklären und durch neue zu ersetzen. Das lässt sich leicht fordern und mit akademischen Argumenten auch gut begründen – aber wie sieht es mit der Umsetzung aus? Menschen ändern ihre Gewohnheiten nicht so einfach, das ist mit Mühen verbunden und verbraucht Energie. Um eine Änderung der Lebensweise zu erreichen, müssen wichtige bis zwingende Gründe dafür erkannt werden, oder eine Katastrophe bereits vor der Tür stehen. Der freiwillige Gang in eine Entzugsklinik erfolgt meist erst, wenn ein wesentlicher Teil des eigenen Lebens bereits in Scherben liegt. In einer Pandemie wird ein harter Lockdown des öffentlichen Lebens erst dann wirklich akzeptiert, wenn sich die Krankenwagen vor der Klinik stauen und die Särge vor dem Krematorium stapeln. Bis dahin werden Ausreden gesucht und Ausnahmen gefordert, selbst von Ministerpräsidenten, die es eigentlich besser wissen müssten. Das habe wir aus der Corona-Krise gelernt. Die entscheidende Frage, die sich daraus ergibt, lautet: Wie greifbar und persönlich für den Einzelnen erlebbar muss die sich anbahnende Klimakatastrophe vor der Tür stehen, um solche Einschränkungen der persönlichen Freiheiten und Änderungen bisheriger Werte zur Akzeptanz zu bringen? Und wird es dann nicht vielleicht schon zu spät sein, weil die Klimaprozesse sich inzwischen verselbständigt haben?

Tatsächlich erkennen Soziologen wie Andreas Reckwitz, Humboldt-Universität Berlin, bereits deutliche Änderungen der Mentalität in der Gesellschaft, zumindest in Deutschland. Der frühere frohe und optimistische Blick nach vorn, der den beachtlichen Aufschwung nach dem zweiten Weltkrieg erst möglich gemacht hat, weicht einer eher vorsichtigen und skeptischen Einstellung. Der unbeirrbare Glaube an das Machbare und Erreichbare wird ersetzt durch Bedenken, Zweifel und Risikovermeidung. Bedenken zu äußern ist immer einfacher, bequemer und sicherer als mutig voranzuschreiten. Als Volk von Bedenkenträgern wird Deutschland inzwischen bereits verspottet. Fortschritt ist so nicht zu erreichen. Und es ist nicht nur das Volk, die Bedenkenträger, Verhinderer und Verzögerer finden sich leider gehäuft auch in der Politik und in den staatlichen Organen. Oft ist es der Datenschutz, der wichtigen Entwicklungen hierzulande im Wege steht, wie zuletzt bei der Kontaktverfolgung in der Corona-Pandemie. Ursache dieses Trends eines „neuen Risikobewusstseins" ist neben schlichter Bequemlichkeit wahrscheinlich auch die Häufung von Krisen in den letzten 10 Jahren: Die Finanzkrise, die Flüchtlingskrise, Terroranschläge und die zunehmend bedrohliche Klimakrise. Aber zwischen zunehmendem Sicherheitsbedürfnis und abnehmender Freiheit gibt es einen unmittelbaren Zusammenhang: mehr Regelungen für mehr Sicherheit gehen immer zu Lasten des individuellen Entscheidungsspielraums. Auch der Umgang mit der Klimakrise wird zwangsläufig mit weiteren Einschränkungen individueller Freiheiten verbunden sein.

Der Stand der Dinge

In dem von 175 Staaten unterzeichneten Pariser Klimaabkommen von Dezember 2015 hat sich u.a. die Bundesrepublik verpflichtet, bis zum Jahr 2050 klimaneutral zu sein, das heißt keine sogenannten Treibhausgase mehr zu emittieren. Damit soll das Ziel erreicht werden, die Erwärmung der Atmosphäre eine kritische Grenze von plus 2 Grad gegenüber dem Niveau vor Beginn der Industrialisierung nicht überschreiten zu lassen. Nicht wenige Experten, so auch der Weltklimarat IPCC in einem Bericht von 2018, bezweifeln allerdings, dass dieses Ziel erreicht werde, selbst wenn – unwahrscheinlich genug - alle Nationen die beschlossenen Maßnahmen in vollem Umfang umsetzen würden.

Aktuell kommen in Deutschland immer noch gut 80% der insgesamt verbrauchten Energie und etwa 58 Prozent der Stromproduktion aus fossilen Quellen. Die wesentlichen Energieverbraucher Industrie, Verkehr und Gebäude haben sich seit Jahrzehnten mit der Verwendung fossiler Energiequellen eingerichtet. Alternativen werden eigentlich erst seit den 1970er-Jahren ernsthaft diskutiert. Die zwischenzeitliche klimafreundliche, aber auch gefährliche Nutzung der Kernkraft wurde nach dem Reaktorunfall im japanischen Fokushima im März 2011 wieder heruntergefahren, nicht allerdings bei unseren europäischen Nachbarn.

Die Umsetzung der Pariser Beschlüsse erfordert drastische Maßnahmen für ein hochindustrialisiertes Land wie Deutschland. Praktisch müssen die größten und wesentlichsten Industrien im Lande, insbesondere die Auto-, Stahl- und Chemieindustrien vollständig neu organisiert und umgebaut werden. Das gleiche gilt für die Stromproduktion, den Verkehr und die Gebäudetechnik. Eine umfassende Gesamtstrategie dafür war 2020 noch nicht erkennbar. Das Einzige, was unisono erklingt, ist das Konzert der Forderungen aller betroffenen Industrien nach staatlicher Unterstützung, die die Bundesregierung offenbar auch in erstaunlichem Umfang zu gewähren bereit ist. Dass ein solches Vorgehen bei fehlendem Gesamtkonzept sinnvoll und effizient ist, mag getrost bezweifelt werden, in einzelnen Fällen erscheint es sogar kontraproduktiv. Ein Gesamtkonzept müsste realisierbare und künftig rentable neue Strukturen identifizieren und unterstützen. Industriestrukturen, die anderswo besser und rentabler produzieren könnten, wären letztlich hier aufzugeben, da sie sonst vermutlich dauerhaft von Subventionen abhängig wären. Die Umstellung z.B. der Stahlindustrie auf saubere Technologien, etwa unter Verwendung von Wasserstoff statt Kohle, wäre hierzulande dauerhaft sehr teuer, da dafür hier nicht genug Wasserstoff umweltfreundlich produziert werden kann. Dieser müsste also aufwändig und teuer importiert werden. An sonnenreichen Standorten, etwa in Südspanien, wäre dagegen erheblich kostengünstiger und sauberer mit Solarenergie zu produzieren. Das sind sicher keine angenehmen Entscheidungen für einen Politiker und seine Position auf der Beliebtheitsskala. Also fließen weiter erhebliche Subventionen in alle möglichen Branchen und Bereiche: Zur Autoindustrie für die Elektromobilität, zur Chemieindustrie für die Batterieproduktion, an die Hersteller von Heizungen, an die Mineralölindustrie und andere für die Forschung und Erprobung der grünen Wasserstofftechnologie. Letztere ist zwar schön sauber, kann aber vermutlich wegen der notwendigen Importe des Grundstoffs hier zumindest im großindustriellen Einsatz kaum rentabel werden. Und auch die Luftfahrtindustrie wünscht sich Unterstützung für die Entwicklung und Produktion synthetischer nicht-fossiler Treibstoffe. Die staatlichen Hilfsmaßnahmen für das Wirtschaftsleben in Zeiten der Pandemie tragen dazu bei, solche Subventionen der Wirtschaft immer mehr als normal anzusehen. Das kann keine gute Entwicklung sein, da so keine Anreize für wirtschaftliche Tragfähigkeit der Unternehmen gesetzt werden. Auch kann der Staat sich diese Subventionen dauerhaft nicht leisten.

Bezüglich der Stromproduktion hat sich das Land ein Ziel gesetzt: den Anteil der erneuerbaren Energien bis 2030 von 42 auf 65 Prozent zu erhöhen. Besonders ambitioniert hört sich das zwar nicht an. Aber im Kraftwerkbereich gibt es bereits die größte Bewegung und das gleichermaßen seitens des Staates und der Industrie.

Die Bundesregierung hat 2020 das Kohleausstiegsgesetz beschlossen, das zum Ziel hat, bis 2038 alle Kohlekraftwerke stillzulegen. Das soll in mehreren Stufen erreicht werden: Bis 2022 wird der Anteil der Kohleverstromung von Steinkohle und Braunkohle auf jeweils rund 15 Gigawatt reduziert, bis 2030 dann auf 8 Gigawatt bei Steinkohle und 9 Gigawatt bei Braunkohle. Dafür gibt es für die Kraftwerksbetreiber milliardenschwere Ausgleichszahlungen vom Staat. Diese und andere Subventionen sorgen dafür, dass auch die Industrie gern mitspielt. Allen voran hat RWE angesichts der massiven staatlichen Subventionen begonnen, sich auf erneuerbare Energien zu konzentrieren. Investitionen in fossile Energieträger erscheinen auch kaum mehr lohnend, Unternehmensstrukturen werden entsprechend geändert. Konventionelle Geschäftsmodelle wurden ausgegliedert, RWE und E.on bildeten für den Bereich erneuerbare Energien eine Fusion.

Umso dringender muss – nach Atom- und Kohleausstieg – dann allerdings auch der Ausbau der regenerativen Energiequellen gefördert werden. Ein schlüssiges Konzept dafür fehlt aber noch, insbesondere behindern rechtliche und bürokratische Hürden sowie Widerstände vor Ort den schnellen Ausbau von Windkraftanlagen. Darüber hinaus mangelt es noch an einer geeigneten Stromnetzstruktur, um regionale Unterschiede der Stromgewinnung auszugleichen. Die Bürokratie ist dabei wohl das schwierigste Hindernis. EnBW-Chef Frank Mastiaux hat in einem SPIEGEL Interview (Nr. 48, 21.11.2020) dargelegt, dass ein normaler Windpark heute von der Planung bis zur Fertigstellung rund 70 Monate braucht, 2016 waren es noch 36 Monate. Bis zu 200 Entscheidungsträger seien heute von Amts wegen mit der Errichtung eines einzigen Windparks beschäftigt, der Vorgang fülle rund 30 Leitz-Ordner mit etwa 18.000 Blatt Papier. Ähnliche Probleme gibt es bei der Errichtung neuer Stromleitungen für die Verbesserung der Netzstruktur. So kann das Ziel wohl nicht erreicht werden, bereits jetzt ist die Entwicklung regenerativer Energien gegenüber den ehrgeizigen Zielen deutlich im Rückstand. Um diesen wieder einzuholen muss sich an den Genehmigungsverfahren einiges ändern, sie müssten eiligst entschlackt werden.

In der Frage der Mobilität begann Deutschland 2020 gerade zu erwachen. Anfang des Jahres waren nur 136.000 Elektrofahrzeuge auf unseren Straßen zugelassen, Ende Oktober 2020 waren es bereits 252.000, jeweils inklusive der Hybride. Allerdings wurden im Jahr 2020 große Projekte begonnen und ehrgeizige Ziele formuliert. Bis 2030 soll die Zahl der E-Autos bis auf 10 Millionen steigen. Volkswagen startete als Erster sein E-Projekt Artemis, die anderen großen Hersteller folgten nach anfänglichem Zögern nach. Ob dieser Umbruch so gelingt und ob er ausreicht, bleibt abzuwarten. Das Geld dafür wird vorläufig immer noch mit den Verbrennerfahrzeugen verdient. Aber auch hier greift der Staat ein und fördert den Kauf von Elektroautos mit erheblichen Zuschüssen, Anfang 2021 bis zu € 9.000 pro Fahrzeug. Ein gewaltiger Wandel der Arbeitsplätze in dieser größten Industriebranche wird eine der Folgen sein, nicht unbedingt viel weniger, aber andere Arbeitsplätze werden entstehen. Andere Länder wie die USA und Frankreich sind schon weiter. Wir haben da einiges aufzuholen und müssen aufpassen, dass die deutsche Schlüsselindustrie nicht ins Hintertreffen gerät.

Beim öffentlichen Nah- und Fernverkehr ist dagegen noch kein wesentlicher Umbruch zu erkennen. Um eine attraktive Alternative zum Auto darzustellen ist er aktuell viel zu teuer und hat viel zu geringe Kapazitäten. Überfüllte Bahnen und Züge mit Stehplätzen locken niemand vom eigenen Lenkrad weg. Da gäbe es für die öffentlichen Verkehrsbetriebe noch viel Luft nach oben. Wenn der Staat da etwas bewegen will, muss er aber auch Geld in die Hand nehmen. Es gibt sicher schlechtere Investitionen.

Am wenigsten funktioniert das vorgegebene Ziel der Energieeinsparung. Bezogen auf das Jahr 2008 sollte 2020 eine Einsparung des Gesamtenergieverbrauchs um rund 20 Prozent erreicht werden, tatsächlich wurde ein Minus von etwa 10,8 Prozent erreicht. Bis 2050 sollten insgesamt 50 Prozent Einsparung erreicht sein. Inzwischen ist deutlich geworden, dass dieses Ziel nicht realistisch ist. Einsparungen, etwa durch energetische Gebäudesanierung oder sparsamere Leuchtmittel, werden überkompensiert durch Mehrverbrauch in anderen Bereichen, etwa der Informationstechnologie. Mit dem Entwurf der Änderung des Erneuerbare-Energien-Gesetzes (EEG 2021) verabschiedet sich die Bundesregierung von der Illusion einer Energieeinsparung um 50 Prozent und geht nun bezüglich des Stromverbrauchs bis 2050 sogar von einer moderaten Zunahme von 600 auf 650 Terawattstunden aus. Andere Experten rechnen für 2050 eher mit 1.000 Terawattstunden. Es bleibt aber bei dem Ziel, bis 2030 den Anteil des grünen Stroms auf 65 Prozent zu erhöhen. Die aktuelle Planung sieht bis 2030 eine Zunahme der Versorgungsleistung um 5 Gigawatt für Photovoltaik und 1,7 Gigawatt für Windkraft vor. Das wird allerdings nicht genügen, um das Ziel zu erreichen.

Zum Wohlfühlen in der eigenen Wohnung gehört unbedingt eine angenehme Raumtemperatur, diese liegt für die meisten Menschen hier um die 20 Grad Celsius. Ist es im Winterhalbjahr draußen wesentlich kühler wird geheizt, bei hohen sommerlichen Temperaturen teilweise auch gekühlt. Beides ist sehr energieaufwändig. Geheizt wird noch überwiegend mit fossilen Energieträgern, gekühlt wird mit elektrisch betriebenen Klimaanlagen. Weltweit gehen etwa 37 Prozent der CO_2-Emissionen auf das Konto von Gebäuden aller Art, von Villen über Hochhäuser bis zu Schulen und Behörden.

Viele Klimaschützer, die die Dramatik des Klimaproblems erkannt haben und Lösungen fordern, argumentieren, dass die Einsparungen während der Corona-Krise ja bewiesen hätten, was bei der Erreichung der Klimaziele möglich sei. Tatsächlich kam es durch den Lockdown zu einer sehr signifikanten Absenkung des CO_2-Ausstoßes in allen betroffenen Ländern. So auch in Deutschland, das dadurch sogar die Chance erhielt, die vereinbarten Klimaziele für das Jahr 2020 zu erreichen.

Der Preis dafür war allerdings hoch. In erstaunlich kurzer Zeit lagen viele Unternehmen finanziell am Boden und forderten staatliche Unterstützung. Betroffen waren ganze Branchen wie die Tourismusbranche mit dem Hotel und Gaststättengewerbe, den Reiseorganisationen bis hin zu Großunternehmen wie den Fluggesellschaften. Besonders betroffen waren auch der Mittelstand und Selbständige. Die staatlichen Hilfeleistungen erreichten eine atemberaubende Größenordnung.

Eines wurde damit klar: Weitere komplette Lockdowns, etwa bei nächsten Wellen ansteigender Infektionszahlen, würden weite Teile der Arbeitswelt in Deutschland nicht ohne schwere und wohl auch dauerhafte Schäden überleben. Der darauffolgende zweite Lockdown zeigte die Richtigkeit dieser Annahme, der sich gerade anbahnende dritte Lockdown wird bitter werden.

Gleichwohl wurden durch die Pandemie auch positive Entwicklungen angestoßen. Dienstreisen zu Besprechungen wurden durch Video-Konferenzen ersetzt. Firmenchefs merkten, dass das auch funktioniert und welches Einsparpotenzial darin steckt. Es wird also vielleicht unabhängig von Corona auch in Zukunft weniger Konferenzreisen geben. Gleiches gilt für das

Home-Office, das beim Lockdown einen wahren Boom erlebte. Das wird vielleicht in dem Ausmaß nicht so bleiben, aber es wird sicher zukünftig viel mehr Home-Office geben als vor der Krise. Allein die eingesparten Fahrten zum Arbeitsplatz werden einen nennenswerten Gewinn für Umwelt und Klima erzielen. Und die Arbeitnehmer selbst freuen sich über den Zeitgewinn an jedem Arbeitstag.

Das sind relativ kleine Schritte für das Ziel Klimarettung. Aber auch größere Maßnahmen sind schon in konkreter Planung oder sogar in der Umsetzung, wie die folgenden Beispiele zeigen.

Ein Preis für CO_2

Eine wirksame Maßnahme zur Reduktion des CO_2-Ausstoßes ist, diesen mit einem Preis zu versehen. Das war 2020 Gegenstand intensiver politischer Diskussionen, wobei es natürlich seitens der Verursacher Widerstände gab. Experten wie Professor Gerald Haug gehen davon aus, dass ab einem Preis von 50 Euro pro Tonne CO_2 eine Lenkungswirkung einsetzt. Bei weiterer Entwicklung des Preises auf vielleicht 80 oder sogar 100 Euro pro Tonne CO_2 würde sie den Ausstieg aus der Kohleverstromung beschleunigen, weil diese sich dann nicht mehr rechnet. Das Ende der Kohlekraftwerke könnte dann bereits vor 2030 erreichbar sein. Ein CO_2-Preis von 50 Euro pro Tonne würde auch Benzin um etwa 5 Cent pro Liter verteuern, hieß es anfangs.

Im Mai 2020 hat die Bundesregierung den Preis für eine Tonne CO_2 in Form einer CO_2-Steuer mit Wirkung vom 1. Januar 2021 auf 25 Euro festgesetzt. Die Abgabe wird für jegliche CO_2-Emission erhoben und soll stufenweise bis 2025 auf 55 Euro pro Tonne erhöht werden. Nach neueren Berechnungen sollte der Benzinpreis 2021 um etwa 7 Cent/Liter gegenüber 2020 erhöht werden, die tatsächlichen Preise der Tankstellen stiegen ab Januar 2021 allerdings um etwa 15 Cent/Liter. Der Erdgaspreis soll sich um berechnete 0,6 Cent pro Kilowattstunde verteuern. In Schweden gibt es eine solche CO_2-Steuer bereits seit 1991, sie ist aktuell mit etwa 115 Euro pro Tonne CO_2 deutlich höher.

Der CO_2-Preis wirkt direkt auf die Verursacher der Emissionen und fördert somit umweltbewusstes und klimafreundliches Verhalten. Gleichwohl ist noch fraglich, ob bei der ohnehin hohen Steuerlast in Deutschland diese zusätzliche Abgabe tatsächlich bewirkt, dass Menschen ihr Verhalten ändern.

Energieverbrauch von Gebäuden

Das Umweltproblem unserer Gebäude beginnt schon vor ihrer Nutzung, also bereits beim Bau. Der dafür zunehmend verwendete Beton benötigt Sand und Zement. Der Bedarf an diesen Rohstoffen für Neubauten ist weltweit immens. Sand wird inzwischen zunehmend knapp, so dass bereit Strände zur Sandgewinnung herangezogen werden. Und bei der massenhaften Produktion von Zement entsteht viel CO_2, inzwischen mehr als durch den gesamten Weltflugverkehr. Nach alternativen Baugrundstoffen wird intensiv geforscht. Besonders interessant sind Entwicklungen aus organischen Materialien, also von Pflanzen oder auch von Pilzgeflechten, alles noch im Versuchsstadium. Auch die Verwendung langlebiger oder recycelter Baustoffe verbessert die CO_2-Bilanz des Baus.

Im Gebäudesektor fallen fast 20 Prozent der gesamten CO_2-Emissionen an. Ein erster Schritt zur Senkung des Energieverbrauchs in Gebäuden, insbesondere von Altbauten ist die Verbesserung der Wärmedämmung. Das wäre in erster Linie der Ersatz alter und undichter Fenster durch neue, dichte und besser wärmegedämmte Systeme, z.B. mit Mehrfachverglasung. Zusätzlich kann die Wärmedämmung von Außenwänden durch Aufbringen entsprechender Dämmplatten, z.B. Styropor, verbessert werden. Beide Maßnahmen sind allerdings nicht unproblematisch. Eine allzu hermetische Abdichtung der Räume führt zu einer ungesunden Atmosphäre und auch zu Wasseransammlung an den Wänden und damit zu Schimmel. Es muss also für eine regelmäßige und ausreichende Belüftung gesorgt werden. Auch die Styropor-Verkleidungen insbesondere der Außenwände sind bedenklich, da sie die Feuergefahr für das Gebäude und die Bewohner durch schnelle Brandausbreitung deutlich erhöhen.

Entscheidend für die Verbesserung der Energiebilanz von Gebäuden ist auch die Wahl der Heizung. Wurden früher fast ausschließlich fossile Energieträger zum Heizen verwendet, so gibt es heute mit Wärmepumpen eine wesentlich sparsamere Technologie für die Gebäudeheizung. Eine Wärmepumpe funktioniert wie ein Kühlschrank, nur in umgekehrter Richtung. Während im Kühlschrank im Inneren Wärme entzogen und an die Außenluft abgegeben wird, entzieht die Wärmepumpe dem Außenbereich die Wärme und nutzt diese als Heizenergie für das Haus. Wie der Kühlschrank benötigt auch die Wärmepumpe ein geeignetes Transportmedium und einen elektrischen Antrieb. Die Wärme kann der Außenluft oder auch dem Erdboden entzogen werden, beides geht auch in der kälteren Jahreszeit. Funktioniert das System, dann ist der Stromverbrauch für den Antrieb der Wärmepumpe deutlich geringer, als wenn die Elektrizität direkt für die Heizung eingesetzt wird. Ökologisch optimal wird die Wärmepumpe eines Gebäudes mit einer Photovoltaikanlage auf dem Dach kombiniert, die einen Teil der erforderlichen elektrischen Energie erzeugt.

Die Umrüstung der Heizung eines Altbaus ist teuer und wird daher zurzeit staatlich gefördert. Sie ist aber nur sinnvoll, wenn die Wärmedämmung des Altbaus einigermaßen in Ordnung ist. Denn mit einer Wärmepumpe lässt sich nur eine Vorlauftemperatur von etwa 50, maximal 60 Grad erreichen. Benötigt die Heizung wegen schlechter Wärmedämmung mehr als 60 Grad Vorlauftemperatur, kann mit der Wärmepumpe allein keine ausreichende Heizung erzielt werden. Ebenso wie für die Wohnraumheizung kann eine Wärmepumpe grundsätzlich auch für eine Kühlung der Räume eingesetzt werden. Herkömmliche Klimaanlagen funktionieren nach dem gleichen Prinzip.

Umso erstaunlicher, dass nur etwa die Hälfte aller gut isolierten Neubauten hierzulande mit dieser modernen Technologie ausgestattet werden. Ein Grund dafür ist wahrscheinlich der hohe Strompreis. Elektrizität ist wegen zusätzlicher Abgaben wie der EEG-Umlage nirgendwo in Europa so teuer wie in Deutschland. Da kommt wohl so mancher Bauherr ins Grübeln: Hohe Investition und teurer Verbrauch, ob sich das noch lohnt? Tatsächlich ist eine Wärmepumpenheizung deutlich teurer als eine Gasheizung – und manche vorsichtigen Hausbesitzer überlegen sogar, eine solche noch zusätzlich für sehr kalte Winter und Spitzenbedarf zu installieren. Bis Gasheizungen vielleicht irgendwann einmal verboten werden – aber dann gibt es vielleicht hier auch keine kalten Winter mehr.

In den äquatornahen Regionen der Welt wird weniger die Heizung als vielmehr die Kühlung von Räumen benötigt, um angenehme Lebens- und Arbeitsbedingungen zu schaffen. Weltweit gibt es aktuell etwa 1,2 Milliarden Klimaanlagen in Gebäuden, mit rasch wachsender Tendenz insbesondere in den Schwellenländern. Aber nicht nur dort, auch in den USA haben 90 Prozent aller Haushalte eine Klimaanlage. Diese Zunahme ist sehr problematisch für das Klima, nicht nur wegen des rasant steigenden Stromverbrauchs. Auch sind viele ältere Klimaanlagen nicht mehr dicht. Durch die Lecks entweichen ständig gasförmige Kältemittel, die tausendfach stärker klimawirksam sind als CO_2. Zahlreiche aktuelle Entwicklungsprojekte zielen darauf ab, andere und weniger schädliche Kältemittel zu finden und den Stromverbrauch der Klimaanlagen zu reduzieren.

Wie auch gut gemeinte Maßnahmen wegen zu einseitiger Planung gründlich schieflaufen können, zeigt das Beispiel der Holzpellets. Jahrelang wurde die Heizung mit Holzpellets empfohlen und beworben, da Holz ja ein nachwachsender Rohstoff ist. In der Theorie könnten die nachwachsenden Bäume das bei der Verbrennung der Pellets ausgestoßene CO_2 dann wieder aufnehmen. Entsprechend hat die EU Holz auch als erneuerbare Energie klassifiziert, und im neuen Erneuerbare-Energie-Gesetz (EEG) fällt Holz unter den Begriff Biomasse, die bevorzugt zur Erzeugung von Strom heranzuziehen sei. Nicht bedacht wurde dabei, dass für die Herstellung der Pellets Wälder abgeholzt werden, die nur sehr langsam nachwachsen. Die Verbrennung von Holzpellets führt daher für lange Zeit zu einer Erhöhung des CO_2-Anteils in der Atmosphäre und damit zu weiterer Erwärmung.

Elektromobilität

Ich kann mich noch gut an die Zeit erinnern, als die wichtigsten Eisenbahnstrecken mit Oberleitungen versehen wurden, und nach und nach die Dampflokomotiven durch die moderneren Elektrolokomotiven ersetzt wurden. Damals war ich gerade in dem Alter, wo diese Zusammenhänge schon verstanden werden. Als Eisenbahnfan und Mitglied des „Pfiff-Clubs" habe ich bei vielen Besuchen des Hauptbahnhofs mit einer „Bahnsteigkarte" für 20 Pfennig diese Entwicklung beobachtet. Eine Dampflok gibt es heute nur noch im Museum oder auf wenigen touristischen Strecken zur Freude der Besucher. Dabei war diese archaisch anmutende Technik zuletzt hoch entwickelt, und die Züge erreichten bereits Geschwindigkeiten bis 160 km/h. Heute sind unsere Intercity-Züge ohne elektrische Antriebe kaum noch vorstellbar, und die Geschwindigkeiten reichen heute bis 300 km/h.

Eine ähnliche Entwicklung spielt sich gerade in der Automobiltechnik ab. Die ursprünglich ebenfalls archaisch anmutende Technik, ein Auto durch Serien von Treibstoffexplosionen in einem Stahlzylinder anzutreiben, hat eine ständige Weiterentwicklung bis hin zu einer nahezu unglaublichen Perfektion erfahren. Ein heutiger Dieselmotor ist ein komplexes High-Tech-Produkt, das seine Explosionen hinter einem leisen Surren versteckt und eine maximale Leistung bei erstaunlich geringem Treibstoffverbrauch erbringt. Moderne Filter können (oder könnten) giftige Abgase wie Stickstoffoxide (NO_x) und Rußpartikel zu großen Anteilen neutralisieren. Aber es verbleibt ein bei dieser Verbrennungsform unvermeidbarer Ausstoß von Kohlendioxid (CO_2). Dieser wird wegen seiner Wirkung auf das Klima zunehmend zum Problem. Gleiches gilt für den Benzinmotor, der ebenfalls auf dem Prinzip der Treibstoffverbrennung beruht.

Die einfachste Lösung liegt darin, den Benzin- oder Dieselmotor durch einen Elektromotor zu ersetzen. Im Vergleich zu den heute hochkomplexen und technisch sehr aufwändigen Verbrennungsmotoren ist der Elektromotor eine ziemlich einfache und praktisch wartungsfreie Konstruktion. Sein entscheidender Vorteil ist seine Abgasfreiheit, das heißt er stößt im Betrieb weder CO_2 noch andere Schadstoffe aus. Soweit auf den ersten Blick ein idealer Antrieb. Aber er benötigt natürlich Strom. Im Gegensatz zu den elektrischen Lokomotiven, die ihren Strom aus einer Oberleitung beziehen, geht diese einfache Lösung bei Autos nicht, denn sie sollen sich nicht nur auf festen Strecken, sondern überall bewegen können. Deshalb müssen Elektroautos Batterien mitführen, aus denen ihre Motoren den notwendigen Strom beziehen.

Es wird manchen vielleicht überraschen, dass das Elektroauto keine neue Erfindung ist. Um 1839 entwickelte der schottische Erfinder Robert Anderson das wohl erste Elektroauto. Ein dreirädriges Elektroauto wurde bereits 1881 von Gustave Trouvé auf einer Pariser Messe vorgestellt. Seine Höchstgeschwindigkeit erreichte es bei 12 km/h. Mit vier Rädern begann es in Deutschland mit dem populären „Flocken Elektrowagen". Um 1900 fuhren bereits ca. 34.000 elektrisch betrieben Autos durch die USA, natürlich nicht mit der heutigen hochgezüchteten Batterietechnologie. Sie erreichten aber bereits stolze Reichweiten bis zu 100 km. Die Ablösung der Elektroautos durch benzingetriebene Fahrzeuge begann erst etwa 1910. Entscheidend dafür war die viel größere Reichweite und Leistung der Fahrzeuge und auch der damals geringe Benzinpreis.

So umweltfreundlich wie der Elektromotor sind die verwendeten Batterien allerdings nicht. Ihre Herstellung braucht viel Energie und einige seltene Rohstoffe wie Lithium und Kobalt. Studien beschreiben, dass für die Herstellung der Batterien für jede Kilowattstunde (kWh) Speicherkapazität etwa 100 bis 180 kWh elektrischer Energie aufgewendet werden müssen. Bei einer leistungsfähigen Batterie mit 100 kWh Speicherkapazität sind das dann 10.000 bis 18.000 kWh Energie für die Herstellung nur einer Batterie. Je nach dem Strommix, das heißt dem Anteil fossiler Quellen der Stromerzeugung, würde das typischerweise 5 bis 15 Tonnen CO_2-Emission pro hergestellte Batterie bedeuten, für kleinere Batterien entsprechend weniger. Zunehmende Anteile sauberer Stromerzeugung, also ohne fossile Brennstoffe, würden diese schlechte Umweltbilanz der Batterieproduktion natürlich entsprechend verbessern.

Batterien haben auch nur eine begrenzte Lebensdauer und ihre Entsorgung als Sondermüll wirft Probleme auf und verlangt ein sehr aufwändiges Recycling der Rohstoffe. Bei Beschädigung können Batterien fast unkontrollierbare Brände auslösen. Entsorgungsspezialisten bekommen schon einige Sorgenfalten beim Gedanken an Millionen ausgelaugter Batterien mit allen ihren Schadstoffen und Risiken.

Aber auch in die Weiterentwicklung der Batterietechnik kommt Bewegung. Volkswagen und Tesla kooperieren mit einem kalifornischen Start-up, QuantumScape, das einen ganz neuen Batterietyp entwickelt hat. Die sogenannte Feststoffzelle wird gerade in Wolfsburg getestet und könnte – positive Ergebnisse vorausgesetzt - schon in wenigen Jahren in die Massenproduktion gehen. Die Erwartungen an die neue Technologie sind hoch: Idealerweise könnte sich die Reichweite der E-Autos bei gleicher Batteriegröße verdoppeln und die Ladezeit halbieren, ebenso wie der Preis der Batterie. Feststoffakkus gelten auch als sicherer, da sie keine flüssigen, leicht entzündlichen Substanzen enthalten und somit auch die schweren Gehäuse nicht benötigen, die Geld kosten und die Reichweite des Fahrzeugs mindern.

Wenn das Ziel von 10 Millionen E-Autos bis 2030 erreicht werden soll, muss auch eine Infrastruktur geschaffen werden, um diese Anzahl von Batterien regelmäßig aufzuladen. Etwa 39.000 öffentlich zugängliche Ladestationen gab es Stand März 2021, bis 2030 müssten es etwa 1 Million Ladestationen sein, um den dann zu erwartenden Bedarf zu decken. Nicht nur an Autobahnen werden für Durchreisende auch Schnellladestationen mit einer Ladeleistung von 150 Kilowatt oder mehr benötigt, wie den „Supercharger" von Tesla, an dem allerdings nur Tesla-Fahrzeuge aufgeladen werden können. BMW, Mercedes, Ford und VW haben ebenfalls ein eigenes System „Ionity". Ungeklärt bleibt die Frage, wer für die notwendigen flächendeckenden Ladestationen in ausreichender Anzahl verantwortlich zeichnen soll. Aktuell gibt es nicht einmal einen einheitlichen Standard für die Anschlüsse und die Abrechnung.

Der Umstieg auf Elektromobilität wird die Arbeitswelt in der Autoindustrie erheblich verändern – ein wirtschaftspolitisches Thema gerade in Deutschland, wo die Autoindustrie und ihre Zulieferer einen wesentlichen Teil der Wirtschaftsleistung darstellen. Große Ingenieur- und Technikerteams, die bisher mit der Weiterentwicklung und Produktion der sehr aufwändigen Benzin- und Dieselmotoren und ihrer Steuerung befasst waren, werden dann nicht mehr gebraucht. Der Elektromotor ist dagegen recht einfach konstruiert und benötigt auch keinen Ölwechsel oder sonstige regelmäßige Wartungsarbeiten. Erfahrungen mit Hochleistungsmotoren liegen aus der Eisenbahntechnik bereits vor.

Das Fraunhofer Institut für Arbeitswirtschaft und Organisation hat im Auftrag und mit Unterstützung von Volkswagen die Auswirkungen einer beschleunigten Umstellung in der Autoindustrie von Verbrennungs- auf Elektromotoren untersucht. Das Ergebnis fiel optimistischer aus als erwartet. Der Mitarbeiterbedarf in den deutschen Produktionsstätten von Volkswagen würde, so die Studie, um etwa 12 Prozent sinken. Das ist weit weniger als nach früheren Annahmen, in denen Verluste von Hunderttausenden Mitarbeitern befürchtet wurden. Einer der Gründe für diese optimistische Prognose ist, dass Volkswagen künftig bisherige Fremdleistungen wie die Herstellung von Software oder Batterien in die eigene Wertschöpfungskette aufnehmen will. Das geht allerdings zu Lasten bisheriger Zulieferer, die dann neue Geschäftsfelder erschließen müssen.

Diese zeichnen sich aber bereits ab, denn die Umstellung auf Elektroantrieb ist nur eine Seite der neuen Elektromobilität. Die andere Seite ist die Einbindung der wesentlichen Fahrzeugsteuerungen in das Internet: Das Auto geht online, es wird mehr und mehr zum Computer auf Rädern. Beide Entwicklungen sind schon in vollem Gang, letztere insbesondere vorangetrieben durch die großen IT-Konzerne aus den USA. Die Steuerung der Fahrzeugfunktionen durch einen zentralen und online erreichbaren Computer im Auto anstelle von zahlreichen Einzelregelungen hat einige wesentliche Vorteile. Anpassungen, Updates und auch manche Reparaturen lassen sich online erledigen, also ohne, dass das Auto dafür in die Werkstatt muss. Zugleich können seitens des Herstellers wichtige Funktionsdaten aller seiner Fahrzeuge ausgewertet werden, die wertvolle Hinweise für Verbesserungen und Optimierungen geben können. Und schließlich könnten Autos auch untereinander kommunizieren, was den Verkehrsfluss deutlich verbessern könnte. Das ist ein kleiner, aber notwendiger Schritt für das teilautonome Fahren. Denn das Auto kann so dem Fahrer Hinweise auf Verkehrssituationen in der Umgebung geben oder aber selbst darauf reagieren. In bescheidenerem Umfang machen das bereits heutige Navigationssysteme in Bezug auf Staus. Solche Informationen würden dann erheblich präziser werden. VW, Daimler, BMW und der Zulieferer Continental investieren derzeit Milliarden in solche IT-Projekte, um den Vorsprung der Amerikaner einzuholen und auf dem Zukunftsmarkt für Autos konkurrenzfähig zu bleiben.

Haben wir genug Strom?

Der Kohleausstieg kann nur dann wirklich funktionieren, wenn gleichzeitig die Produktion alternativer Energien ein Volumen erreicht, um den Verlust an Kohlestrom zu kompensieren. Aktuell werden hier aber immer weniger Windräder aufgestellt, da sich viele Bürger davon belästigt fühlen und dagegen klagen. Es ist kaum zu leugnen, dass Windräder in unmittelbarer Nähe von Wohnhäusern durch Lärm und optische Flackereffekte eine erhebliche Belästigung und potenzielle Gesundheitsgefährdung darstellen können. Der freundliche Begriff Windpark hat mit der permanent hämmernden Realität der drei Flügel wenig gemeinsam. Die nun mit dem Erneuerbare-Energien-Gesetz (EEG) vorgenommene Verkürzung des Rechtswegs für Einsprüche löst das Grundproblem nicht wirklich. Ende 2020 gibt es in Deutschland etwa 29.000 Windräder auf Land und etwa 1.500 Anlagen offshore. Besserer Fortschritte macht die Nutzung der Sonnenenergie, die auch niemanden belästigt. Ende 2020 gibt es in Deutschland etwa 1,9 Millionen Photovoltaikanlagen, mit steigender Tendenz. Wegen der sehr unterschiedlichen Ausbeute über den Tagesverlauf muss es aber beide Systeme gleichermaßen geben. Photovoltaikanlagen liefern nur tagsüber Strom, am meisten mittags und im Winter ohnehin weniger. Windräder erzeugen ganztags Strom, sofern Wind vorhanden ist. Die Stromproduktion beider Systeme müsste noch deutlich wachsen, um die Klimaziele in Deutschland zu erreichen.

In diesem Zusammenhang bleibt die Frage offen, ob unser Stromnetz überhaupt in der Lage wäre, eine große Zahl von Elektroautos mit der notwendigen Energie zu versorgen. Der spontane Ausstieg aus der Kernenergie und der langsamere Ausstieg aus der Kohleverstromung grenzt diese beiden preisgünstigen Quellen der Stromerzeugung nach und nach aus. Es ist unter diesen Bedingungen schon eine Herausforderung für die Stromindustrie, eine ausreichende Stromversorgung für Deutschland sicherzustellen. Der Aufbau sauberer Energiequellen wie Windkraft und Solarenergie ist zeitlich bereits im Verzug, regenerative Energie-

quellen werden es auf absehbare Zeit nicht allein schaffen, den Energiebedarf in Deutschland zu decken.
Engpässe sind wahrscheinlich, die dann durch kurzfristig zuschaltbare fossile Kraftwerke, z.B. Gaskraft-
werke, ausgeglichen werden müssen. Und wenn dann
noch 10 Millionen Elektroautos zusätzlich zu versorgen
sind? Elektroautos, die Strom aus fossilen Kraftwerken
beziehen, haben unter dem Strich keinen Nutzen für
die Umwelt und die CO_2-Bilanz. Um die Stromversorgung zu erleichtern fördert der Staat seit November
2020 die Installation „intelligenter Wallboxen" mit bis
zu 11 Kilowatt Ladeleistung für private Garagen. Diese
Ladestationen können von den Stromanbietern fernge-
steuert bei Bedarf zeitweilig abgeschaltet werden, um
Stromspitzen abzufedern – nicht unbedingt zur Freude
der Nutzer.

Ausstieg Atom, Ausstieg Kohle, Einstieg Elektromobilität – geht das wirklich alles zusammen? Oder hat
die Bundeskanzlerin und Physikerin Angela Merkel
hier die Relationen aus dem Blick verloren? Oder setzt
sie vielleicht auf Zukunftstechnologien wie Weltraum-
Sonnenenergie (Space-Based Solar Power, SBSP) oder
Fusionsenergie? Diese Technologien sind allerdings
noch ebenso weit entfernt wie unglaublich teuer –
wenn sie denn jemals realisiert werden sollten. Es wäre
schon ein groteskes Szenario, wenn Deutschland von
seinen Nachbarn Strom dazukaufen müsste, der aus
alten, teilweise auch veralteten Atommeilern oder Koh-
lekraftwerken produziert würde.

Vielleicht ist die heutige auf Batterietechnik beru-
hende Elektromobilität auch nur eine Zwischentechno-

logie. Nicht wenige Experten setzen auf Wasserstoff als zukünftigen Energieträger für Automobile. Für die Umwelt könnte das ein revolutionärer Fortschritt sein. Jedenfalls lohnt es, darüber ein paar Gedanken zu verlieren.

Chance Wasserstoff?

Das Element Wasserstoff (H), unter normalen atmosphärischen Bedingungen ein Gas (H_2), steht als Bestandteil von Wasser (H_2O) praktisch unbegrenzt zur Verfügung. Es kann durch Gasleitungen transportiert oder in Behältern komprimiert werden. In Verbindung mit gasförmigem Sauerstoff (O_2) entsteht eine explosive Mischung, das Knallgas (H_2O_2). Aus Wasserstoff lassen sich verschiedene Kraftstoffe herstellen, die sogenannten E-Fuels, die geeignet sind die bisherigen fossilen Kraftstoffe zu ersetzen. Für Autos gibt es solche Antriebe im Teststadium schon länger. Im Dezember 2020 startete ein erster Lufthansa-Langstreckenflug als Testflug mit E-Kerosin, das allerdings ein Vielfaches vom Preis des fossilen Kerosins kostet.

Das Bundesland Nordrhein-Westfalen sieht in der Wasserstofftechnologie große Zukunftschancen und würde sich gern als Plattform für Start-Up-Unternehmen für Industrien in dieser Technologie sehen. Entsprechende Förderprogramme sollen dies unterstützen. Stolz reklamiert das Land für sich einen „Rheinischen Gründergeist" (Rheinische Post, 10.10.2020). Schließlich kommt eine Reihe von Gründern oder Mitbegründern bedeutender neuer Unter-

nehmen wie Zalando, Trivago, Hellofresh, Getyour-
guide und Freigeist aus dieser Region. Für das Land
Nordrhein-Westfalen wäre das eine willkommene Op-
tion für einen Strukturwandel seiner alten Schwerindustrie, weg von der Ära der Stein- und Braunkohle,
hin zu einem neuen Zeitalter der Wasserstofftechnologie. Insbesondere für eine saubere Stahl- und Alumini-
umproduktion würden allerdings gigantische Mengen
an Wasserstoff benötigt. Ministerpräsident Armin La-
schet hat die Vorstände beteiligter Unternehmen wie
Thyssenkrupp, Evonik, Eon, RWE und Rheinmetall
persönlich zu einem Wasserstoff-Gipfel eingeladen.
Das beiderseitige Interesse ist groß, 13 Projekte wurden
bereits in einem Strategiepapier skizziert. Thyssenkrupp hat im August 2020 bereits einen Hochofen 2.0
vorgestellt, der nicht mehr wie bisher üblich auf Koh-
lebasis funktioniert. Er soll zunächst mit Erdgas und
später mit grünem Wasserstoff betrieben werden.
Thyssenkrupp will bis 2030 seine CO_2-Emissionen um
30 Prozent senken, 2050 soll die Klimaneutralität erreicht sein. Für die saubere Energie wird man viel Geld
in die Hand nehmen müssen. Das ohnehin krisenge-
schüttelte Unternehmen erwartet dafür Unterstützung
vom Staat, nicht zuletzt zum Erhalt der knapp 60.000
Arbeitsplätze allein in Deutschland.

Einfach ist die Wasserstofftechnologie allerdings
nicht. Zwar gibt es schon länger Autos und sogar
Lastwagen, die mit Wasserstoff betrieben werden und
so die Machbarkeit unter Beweis gestellt haben. Das
Ganze bewegt sich allerdings noch auf einem sehr ex-
perimentellen Niveau mit kleinen Mengen und großen
Erwartungen. Der erwartete Hauptvorteil, zugleich

aber auch das Hauptproblem, entsteht dagegen erst mit der Verwendung großer Mengen an Wasserstoff, die zum Verbraucher gebracht werden müssen. Denn Wasserstoff ist nicht nur in Verbindung mit dem Sauerstoff der Luft hochexplosiv, für seine Herstellung wird auch viel Energie benötigt. Um die positiven Umwelteigenschaften der Wasserstoffverbrennung voll auszunutzen, sollte diese Energie natürlich aus sauberen Quellen kommen, also unter Nutzung von Solar- und Windenergie. Der zu erwartende Energiebedarf lässt sich in Deutschland aber nicht aus den gegebenen Ressourcen dieser Quellen realisieren. Grüne Energiequellen, also Windkraft, Solarenergie, Wasserkraft und Biomasse, decken heute mit etwa 2.000 Terawattstunden (TWh) pro Jahr rund die Hälfte des Elektrizitätsbedarfs im Lande ab. Der Energiebedarf insgesamt, also auch für Heizungen, Autokraftstoffe und Industrie, ist noch einmal wesentlich höher. Überschüssige grüne Energie zur Wasserstofferzeugung ist hier nicht vorhanden. Wasserstoff müsste also importiert werden, nach ersten Berechnungen bis zu 90 Prozent. Das wirft technische und wirtschaftliche Probleme auf.

Die Gewinnung von Wasserstoff erfolgt am einfachsten durch Elektrolyse. Wird ein Gleichstrom durch Wasser geleitet, dann zerlegt der Strom das Wasser in seine molekularen Bestandteile: An der Anode (+) setzt sich Sauerstoffgas ab, an der Kathode (-) Wasserstoffgas. Um diesen Prozess zu optimieren bedarf es zusätzlich eines Katalysators, als solcher wird heute meist das sehr seltene Edelmetall Iridium verwendet. Davon werden jährlich allerdings nur etwa 8 Tonnen gefördert, vorwiegend in Südafrika. Das ist viel zu wenig für eine Wasserstoffproduktion in industriellem Ausmaß. Zunehmendes Recycling von Iridium soll den entstehenden Mangel lindern, außerdem wird nach geeigneten alternativen Katalysatoren geforscht.

Aus dem Wasserstoff lässt sich durch den umgekehrten Prozess in einer sogenannten Brennstoffzelle wieder elektrischer Strom gewinnen. Der Wasserstoff verbindet sich dort wieder mit dem Luftsauerstoff zu Wasser, dabei entsteht Elektrizität. Und als Abfallprodukt eben nur Wasser, sonst nichts. Umweltschonender geht's nicht.

So einfach wie das Prinzip klingt ist die technische Umsetzung dann allerdings nicht, sie erfordert schon ein sehr spezielles Knowhow. Einer der größten Automobilzulieferer, die Firma Bosch hat sich gemeinsam mit dem schwedischen Unternehmen PowerCell bereits seit einigen Jahren auf die Entwicklung und Herstellung dieser Brennstoffzellen spezialisiert. Bis 2022 soll die Serienfertigung anlaufen. Auch ein Wasserstoff-Tankstellennetz ist bereits in der Planung.

Der Prozess der Wasserstoffgewinnung und -verbrennung ist allerdings sehr energieaufwändig. Tatsächlich werden nur etwa 40 Prozent der eingesetzten Energie letztlich beim Endverbraucher wirksam. Der Wirkungsgrad des heutigen Antriebs von Autos mit fossilen Verbrennungsmotoren ist allerdings noch geringer.

Bei Solarstrom in praktisch unbegrenzter Menge denkt man vielleicht zuerst an die Wüstengebiete. Die

Idee ist auch nicht neu. Es gab bereits 2009 ein Projekt Desertec mit dem Ziel, Solarenergie aus dem sonnenreichen Nordafrika zu gewinnen und für Europa nutzbar zu machen. Der damalige Plan sah vor, über lange Stromtrassen die gewonnene Elektrizität durch das Mittelmeer direkt nach Europa zu leiten. Das Projekt, an dem auch deutsche Unternehmen maßgeblich beteiligt waren, ist 2014 an Differenzen zwischen den beteiligten Unternehmen und an fehlender politischer Unterstützung gescheitert.

Auf regionaler Ebene werden dagegen inzwischen große Projekte zur Versorgung der Regionen mit grüner Energie realisiert. Im Süden Marokkos entsteht, von der deutschen Staatsbank KfW gefördert, ein gewaltiger Solarpark, der 1,3 Millionen Menschen mit Strom versorgen soll. Weitere Großprojekte entstehen in Ägypten, in Vereinigten Arabischen Emiraten und in Saudi-Arabien.

Doch auch die Desertec-Idee ist nicht tot, sie erlebt gerade als Desertec 3.0 im Rahmen der Wasserstoffdiskussion eine Renaissance. Denn der Überfluss an Sonnenenergie in Wüstengebieten kann auch dafür genutzt werden, direkt vor Ort durch Elektrolyse aus Wasser Wasserstoff zu gewinnen. Der gewonnene Wasserstoff lässt sich leichter und verlustfreier transportieren als Strom. Skepsis über eine zeitnahe Realisierung eines großen Pipeline-Projektes kommt aber auf, betrachtet man den Verlauf der Realisierung anderer weit kleinerer Pipelineprojekte wie North Stream II oder die CO-Pipeline von Bayer. Dazu kommt die weit schwierigere Frage nach der politischen Stabilität der Erzeugerregionen und der Transportwege. Diese müsste langfristig gesichert sein, wenn Mobilität und Industrie vom Wasserstoff abhängig sind - aus heutiger Sicht ein kaum kalkulierbarer Faktor. Auch die Datensicherheit einer solchen Wasserstoffinfrastruktur wäre angesichts zunehmender Cyberangriffe ein wichtiges Thema. Andererseits hat es beim Öl auch irgendwie funktioniert. Allerdings ist Wasser in Wüstengebieten ein knappes Gut, wird aber als Grundstoff der Wasserstoffgewinnung in großen Mengen benötigt. Bei der Elektrolyse von Meerwasser würde aus dem Meersalz Chlor als Nebenprodukt freigesetzt – keine erfreuliche Vorstellung.

Wasserstoff als sauberer Treibstoff für Industrie und Mobilität in großem Maßstab steht und fällt also mit seiner Herkunft. Eine Umstellung der deutschen Industrie auf Wasserstofftechnologie wäre technisch durchaus realisierbar. Die dafür erforderliche Menge an grüner Stromproduktion ist allerdings gigantisch und sprengt alle bisherigen Maßstäbe. Allein die deutsche Chemieindustrie kalkuliert dafür mit 7 Millionen Tonnen Wasserstoff pro Jahr, deren Produktion etwa 600 Terawattstunden grünen Stroms erfordern würde – etwa die gesamte aktuelle jährliche Stromproduktion in Deutschland. Die alternative Möglichkeit, die großen industriellen Energiefresser wie z.B. die Stahlproduktion gleich in solche Länder zu verlegen, wo saubere Energiequellen günstig und in großer Menge zur Verfügung stehen, findet hierzulande verständlicherweise wenig Zuspruch. Die Stahlindustrie und die Chemieindustrie sind hier Schlüsselindustrien, die Aufgabe dieser Standorte wäre mit erheblichen Verwerfungen der deutschen Industriestruktur verbunden. Das Land Nordrhein-Westfalen stemmt sich gegen diese Entwicklung und will mit erheblichen Fördermitteln die Wasserstofftechnologie im Lande voranbringen. Sogar eine große Anlage zur Erzeugung von Stahl soll bis 2025 in Duisburg entstehen. Ein kühner Plan, besonders wenn die Anlage tatsächlich mit grünem Wasserstoff betrieben werden soll.

Langfristig gesehen wird die Abwanderung der Schwerindustrie allerdings kaum aufzuhalten sein, wenn die Klimaerwärmung ernsthaft gestoppt werden soll. Schon immer waren Industriestandorte dort am rentabelsten, wo Energie und Rohstoffe in ausreichender Menge und günstig vorhanden waren. Das war zu Beginn der Industrialisierung nicht anders, als sich die Schwerindustrie über den Kohleflözen des Ruhrgebiets einrichtete. In Zukunft entscheiden dagegen vielleicht die Wind- und Sonnenverhältnisse über die Attraktivität eines Industriestandortes.

Realitätsnäher erscheint der Einsatz von importiertem grünem Wasserstoff im Verkehrsbereich. Die hierzulande erzeugte grüne Elektrizität würde dann vorwiegend für die Wärmeversorgung der Wohnungen und nicht zuletzt den rasch wachsenden Strombedarf der Informationstechnologie verbleiben.

Die Wandlung der Mineralölindustrie

Unmittelbar betroffen von solchen Überlegungen und Planungen ist die Mineralölindustrie. Großkonzerne wie Exxon oder Royal Dutch Shell müssen gerade Umsatz- und Preiseinbrüche hinnehmen, der Wert der Shell-Aktie hat sich im Jahr 2020 fast halbiert, die Dividende wurde gekürzt. Noch düsterer ist die Langzeitprognose, die einen weiteren kontinuierlichen Absatzrückgang verspricht, bis dann 2050 gar kein fossiler Treibstoff mehr verkauft werden darf. Die schlichte Wahrheit ist, dass sich diese Konzerne in den nächsten Jahren völlig neu erfinden und andere Geschäftsmodelle entwickeln müssen. Eine Herkulesaufgabe, die nicht nur von der Börse zurzeit noch sehr skeptisch betrachtet wird. Shell, ein globales in 70 Ländern aktives Unternehmen mit rund 308 Milliarden Euro Umsatz, plant offenbar, sich zukünftig auf grünen Strom zu konzentrieren. Mit Windkraft, Solarstrom, Biomasse und Wasserstoff will das Unternehmen weltgrößter Stromversorger werden.

Eines dieser denkbaren neuen Geschäftsmodelle der Mineralölindustrie und zugleich eine weitere Maßnahme zur CO_2-Problemlösung ist die Verpressung des überschüssigen CO_2 in unterirdische Endlager. Was auf den ersten Blick als genial einfacher Lösungsansatz imponiert, ist allerdings technisch sehr aufwändig und letztlich auch riskant. Denn für die Lagerung des CO_2 muss das Gas erst einmal aus den Abgasen herausgefiltert und dann verflüssigt werden, um so über eine Pipeline oder Transportbehälter zum Endlager zu gelangen. Diese Prozesse sind mit hohem Energieaufwand verbunden. So müsste ein Kraftwerk um bis zu 40 Prozent mehr Energie produzieren, um sein selbst erzeugtes CO_2 auf diese Weise zu entsorgen. Das Verfahren nennt sich Carbon Capture and Storage (CCS), weltweit gibt es Ende 2020 etwa 20 CCS-Projekte in Betrieb. Ein besonderes Risiko liegt in der Dauerhaftigkeit des Endlagers. Undichtigkeiten oder auch äußere Einflüsse wie Erdbeben könnten das Gas wieder in die Atmosphäre entweichen lassen. Es ist kein Zufall, dass die meisten dieser Projekte von Öl- und Gasunternehmen, so auch von Shell, betrieben werden, deren ausgebeutete Öl- und Gasfelder sich besonders als Endlagerstätte für CO_2 eignen. Zudem ist bei diesen Unternehmen auch das technische Knowhow für unterirdische Lager bereits vorhanden. Das Geld für die Investitionen und Firmenübernahmen kommt allerdings vorerst noch aus dem Öl- und Gasgeschäft – eine enge 180-Grad-Wende für einen „Supertanker Shell"!

Eine weitere Möglichkeit, das CO_2 aus der Atmosphäre zu holen, ist, den darin enthaltenen Kohlenstoff als Grundsubstanz für neue Produkte zu nutzen, für Schaumstoffe, Sportfußböden oder auch für synthetische Treibstoffe. Das CO_2 kann direkt aus Industrieemissionen oder aus der Atmosphäre gewonnen werden. Das Ziel heißt „Circular Economy", ein Kohlenstoffkreislauf mit nur noch minimaler Zufuhr aus fossilen Quellen.

Reisen

In der aktuellen Corona-Pandemie ist Reisen aus naheliegenden Gründen stark eingeschränkt. Schließlich hat der massenhafte Reiseverkehr die rasche weltweite Ausbreitung der Pandemie überhaupt erst ermöglicht. Zwei große Branchen, die Kreuzfahrt- und die Luftfahrtbranche haben durch die Pandemie einen plötzlichen und unerwarteten Totalabsturz erlebt.

Die bisher stark expandierende Kreuzfahrtbranche wird sich von diesem Absturz nicht so leicht erholen. Ohnehin ist ihr Image wegen ihrer massiven Umweltbelastungen durch archaische Antriebstechniken ihrer Boote gerade stark lädiert. Bis zur Überwindung des Coronavirus durch regelmäßige und flächendeckende Impfungen ist es wohl nur für hartnäckige Corona-Leugner vorstellbar, sich in Gegenwart eines weltweit verbreiteten, äußerst aggressiven und hochansteckenden Virus zusammen mit einigen tausend anderen Menschen auf engstem Raum für Wochen in einen Stahlkäfig zu begeben. Die aktuellen verzweifelten Versuche der Branche den Betrieb wieder aufzunehmen werden wohl beim ersten größeren Krankheitsausbruch auf einem Schiff mit all seinen höchst unerfreulichen Folgen für alle Passagiere ein erneutes Ende finden.

Aber was wird nun aus der Luftfahrt, dieser einst so vornehmen und glorreichen Errungenschaft der Moderne? Sie begann erst vor knapp 120 Jahren mit den kurzen und reichlich wackeligen motorisierten Erstflügen der Gebrüder Wright und hat bald darauf die Welt verändert wie kaum eine andere technische Erfindung. Die Sicherheit der Luftfahrt hat seit ihren Anfängen inzwischen eine nahezu unglaubliche Perfektion erreicht, weit besser als alle anderen Verkehrsmittel. Den Ölpreisschock hat sie ebenso gut überstanden wie den internationalen Terrorismus. Die Billigstfliegerei im Massentourismus hat dann aber ihr Image ebenso beschädigt wie ihr Beitrag zum Klimawandel. Früher eher im Luxusbereich angesehen ist es geradezu ein Symbol des Verfalls, dass sogar Lufthansa ab März 2021 in der Economy-Class keine kostenlosen Speisen und Getränke mehr anbieten will. Denn aus den früheren „Fluggästen" wurde mit der Zeit eine Art menschliches „Schüttgut". Das zeigt sich eindrucksvoll, wenn der Flughafenbus sich zur Seite neigt, um die sardinenartig darin zusammengepressten Menschen buchstäblich in Richtung Flugzeug auszuschütten. Wo man mit drei Bussen die Passagiere vielleicht einigermaßen bequem zum Flugzeug bringen könnte, müssen heute aus Kostengründen eben zwei Busse genügen. Zusätzlich entstand mit „Flugscham" eine früher unvorstellbare Wortschöpfung bezüglich der bislang so stolzen Branche und ihren Passagieren. Mit dem Coronavirus kam dann fast schlagartig erst einmal das nahezu vollständige Aus der Passagierflüge. Am Himmel gab es monatelang praktisch nur Frachtflugzeuge und private Flieger. Aus dem schleichenden Niedergang der Branche in den letzten Jahren wurde so eine plötzliche Bruchlandung. Selbst große und renommierte Fluggesellschaften wie die Lufthansa stehen vor der Pleite oder sind trotz Staatshilfen bereits mittendrin. Das Flaggschiff der Luftfahrtindustrie, der Airbus A380, das größte Passagierflugzeug der Welt, wird bei Lufthansa und den meisten anderen Fluggesellschaften ausgemustert. Die Chance, diese teuren Riesen jemals wieder rentabel fliegen zu können erscheint zu gering. Ob sich die Luftfahrt von diesem letzten Knockout wieder erholen kann, und wenn ja in welcher Form, ist derzeit völlig offen. Dass die Corona-Pandemie sich nicht zuletzt gerade durch den Flugverkehr so schnell weltweit ausbreiten konnte, ist dabei nur eine sarkastische Randnotiz zum Niedergang der Luftfahrtbranche.

Wie könnte es mit der Luftfahrt weitergehen? Spekulieren wir ein wenig. Die Lust am Reisen ist vielen gerade vergangen. Aber sie wird wiederkommen, bei entsprechender Preisgestaltung auch im Massentourismus. Allerdings ist auch ein Umdenken zu beobachten, ob der häufige billige Kurztrip in benachbarte oder entferntere Hauptstädte als Wochenendgestaltung wirklich notwendig ist. Dazu kommen Ängste beim dicht gedrängten Zusammensitzen im vollbesetzten Flugzeug, die so lange nicht ganz verschwinden werden, wie es Covid-19-Erkrankungen gibt. Auch die Geschäftswelt hat erkannt, dass sich sehr viele, vielleicht sogar die meisten Geschäftsreisen auch durch preisgünstige Online-Konferenzen ersetzen lassen. Ob sich diese aus der Not geborenen freudlosen Online-Meetings aber dauerhaft in großem Maßstab durchsetzen werden, erscheint mir fraglich. Die Preisgestaltung der Fluglinien wird dabei auch eine Rolle spielen. Ein Indikator für die weitere Entwicklung könnte sein, ob sich die pandemiebedingt gerade weit verbreitete Arbeit im Homeoffice in der zukünftigen Gestaltung der Arbeitswelt behaupten wird. Denn auch mit dem Homeoffice werden Zeit und Kosten eingespart, andererseits wurden aber auch die Probleme der Arbeit in eigener häuslicher Umgebung offenbar. Wird es eine Sehnsucht zurück zur alten Büroarbeit geben, Benzinkosten hin, Stau her? Und dann auch wieder eine Sehnsucht zurück zur alten Dienstreise mit Wichtigkeits- und Prestigepotenzial? Inlandsflüge werden dagegen zunehmend an den Pranger geraten, sie lassen sich kaum im Vergleich zu schnellen Zugverbindungen gegen die dringenden Argumente des Klimaschutzes rechtfertigen.

So oder so, auch wenn die Zahl der Flugreisen aktuell wieder deutlich zunimmt, wird es für die Luftfahrt noch eine lange Durststrecke geben. Es werden nicht alle Fluglinien überleben, eine Marktbereinigung steht an. Mit welchen Konsequenzen für das zukünftige Angebot und für die Preise, das bleibt spannend.

Bei all diesen kritischen Aspekten des Reisens über größere Entfernungen, also mit dem Flugzeug oder dem Schiff, ist auf der anderen Seite der Waagschale auch der Wert des Reisens zu berücksichtigen. Die Erholung, die Abwechslung vom Alltag, Neues zu erfahren und Schönes zu erleben, die Geselligkeit, das alles sind wichtige Faktoren für das Wohlbefinden, die Gesundheit und die Lebensqualität. Und nicht zuletzt ist das Fliegen selbst für viele Menschen bereits ein schönes und eindrucksvolles Erlebnis. Der Slogan „Nur Fliegen ist schöner" traf schon ins Schwarze. Dazu kommt, dass Flugzeuge zuletzt vor der Krise nur etwa 2 Prozent des weltweiten CO_2-Ausstoßes verursacht haben, und darin waren die Frachtflüge mit einem nicht unerheblichen Anteil enthalten. Wir reden bei dieser Gesamtmenge an CO_2 zwar nicht gerade über „peanuts", die Schadwirkung des Fliegens sollte aber auch nicht überbewertet werden. Schließlich bestehen auch hier gute Chancen auf technische Weiterentwicklungen sowohl der Flugzeuge als auch der Treibstoffe mit dem Ziel geringerer Emissionen. Technische Weiterentwicklungen haben in den letzten Jahrzehnten auch beim Thema Fluglärm zu beachtlichen Verbesserungen geführt.

Inwieweit der massenhafte Partytourismus diesem hohen Anspruch des Reisens genügt, mag ich nicht beurteilen, Fakt ist jedenfalls ein hoher Bedarf und Erwartungsanspruch auch in diesem Sektor des Tourismus. Für ganz unverzichtbar halte ich das Reisen – und insbesondere auch Fernreisen in andere Länder und Kulturen – für die Weiterentwicklung interessierter junger Menschen. Es öffnet den Blick und den Horizont, schafft Verständnis und Toleranz für andere Sitten und Lebensweisen und fördert internationale Freundschaften. Dies sind wertvolle Bausteine für die Entwicklung zum mündigen Staatsbürger und für eine bessere Völkerverständigung.

Wie geht es weiter?

Es verabschiedet sich gerade langsam eine glückliche Generation, die zumindest in Deutschland eine außerordentlich lange Friedensperiode erlebt hat und auch sehr viel dazu beitragen durfte, das Leben der Menschen länger, gesunder, leichter, überwiegend wohlhabender und sehr viel angenehmer zu machen. Ihr wesentliches Versäumnis war allerdings, im Überschwang der Vielzahl positiver Entwicklungen die Nebenwirkungen dieser glänzenden Moderne nicht im Auge zu behalten und hinreichend ernst zu nehmen. Nebenwirkungen wie den CO_2-bedingten Klimawandel oder die Plastik-Vermüllung der Meere, die sich so bis zu kritischen Grenzen weiterentwickeln konnten und nun dringend nach schneller Abhilfe verlangen. Einen ähnlich blinden Fleck hatte wohl bisher weitgehend auch die folgende Generation der heute 40-60jährigen, die in den Aufschwung der Moderne hineingeboren wurde und es sich darin bequem gemacht hat. Diese Generation ist gerade dabei ihre maximale Machtfülle zu erreichen. Gleichzeitig ist sie aber aus ihrer Wohlstandsposition heraus bisher insgesamt nur wenig durch größeres politisches Engagement für Reformen aufgefallen und daher vermutlich denkbar schlecht auf die anstehenden Diskussionen und Konflikte vorbereitet. Ganz anders als die Generation der jetzt jungen Erwachsenen, die mit gutem Recht energisch und vehement gegen Entwicklungen rebellieren, die ihr zukünftiges Leben auf unserer Erde erheblich beeinträchtigen werden. Ob die Erde für sie und ihre Nachkommen noch lebenswerte oder sogar lebensfähige Umweltbedingungen bereitstellt, hängt wesentlich von Maßnahmen ab, die von den Entscheidungsträgern der Weltbevölkerung jetzt getroffen werden müssen.

Aber wie soll das funktionieren, bei all den politischen Differenzen, Egoismen und Turbulenzen der internationalen Szene? Große Weltkonferenzen werden meines Erachtens nicht den Durchbruch bringen. Sie sind sehr schwerfällig und ersticken leicht an der Vielfalt der vorgetragenen Auffassungen. Dass dort schnelle und effektive Beschlüsse entstehen, ist eher unwahrscheinlich.

Erfolgversprechender erscheint mir eine Kerngruppe aus mehreren Staaten, eine Art „Elite-Club", die auf ihren Territorien die notwendigen Maßnahmen möglichst frühzeitig und erfolgreich realisieren und damit als Erfolgsmodell ein Vorbild abgeben, das von anderen Staaten übernommen werden kann. Entscheidend ist dabei, dass nicht nur technische Lösungen, z.B. zur CO_2-Reduzierung generiert werden, sondern auch Lösungsmodelle für die dadurch verursachten Nebeneffekte, wie zum Beispiel Arbeitslosigkeit und gesellschaftliche Veränderungen, gefunden werden.

So beispielsweise in Deutschland: Der deutschen Autoindustrie, durch Verbrennungsmotoren groß geworden, steht mit über 800.000 Beschäftigten als wichtigster Industriezweig im Lande der wohl größte Strukturwandel aller Zeiten bevor – und das sehr kurzfristig. Etwa das gleiche gilt für die Mineralölindustrie und auch die Stahlindustrie. Nicht nur Arbeitsplätze werden sich verändern, sondern vielmehr die ganze Gesellschaft. Nicht nur technische Lösungen sind gefordert, sondern auch neue Entwürfe für die Verteilung von Arbeit und Gütern und für das Zusammenleben der Gesellschaft. Anderenfalls drohen im Land schwere Konflikte.

Und diese Kurskorrektur muss jetzt in einer Zeit stattfinden, in der das Land und die Wirtschaft unter erheblichen Nachwirkungen der Corona-Pandemie leiden. Gleichzeitig wird erkannt, dass längst überfällige Reformen in den letzten Jahren und Jahrzehnten versäumt wurden. Es besteht ein gewaltiger Investitionsstau in Bildung, Gesundheitswesen, Wohnungsbau, Verkehr und Digitalisierung, also praktisch in der gesamten Infrastruktur. Eine anhaltende demographischen Schieflage schafft zunehmende Produktivitäts-

und Rentenprobleme. Der notwendige, aber sehr teure Strukturwandel der Industrie für den Klimaschutz trifft zudem auf einen gerade schwer überschuldeten Staatshaushalt mit einem veralteten und ineffizienten Steuersystem. Und die notwendigen schwerwiegenden politischen Entscheidungen sind mit einer EU abzustimmen, die zu Schwerfälligkeit, Uneinigkeit und Blockaden neigt.

In dieser Situation braucht es Strategien für die Zukunft, die weit über die bisher praktizierte sogenannte Realpolitik der kleinen Schritte hinausgehen. Ein „Weiter so" mit bisherigen Instrumenten springt jedenfalls viel zu kurz. Der vielzitierte „Ruck durch Deutschland" ist mehr denn je notwendig, kann aber nur ein Anfang sein. Es ist die Zeit für kühne Visionen und den großen Wurf! Ob unserem oft genialen, oft aber auch bürokratisch verklemmten Land ein solcher Wurf gelingen wird, bleibt abzuwarten. Jedenfalls wäre jetzt die Zeit, mit einem energischen Anlauf für diesen Wurf zu beginnen. Länder, die eine solche technische und gesellschaftliche Herausforderung erfolgreich bewältigen, können sich als Vorreiter für andere Länder in Stellung bringen. Es wird spannend sein zu beobachten, welche politischen Systeme sich dabei als besonders erfolgreich erweisen.

Bei der Entwicklung von Lösungsansätzen für solche sehr komplexen, ineinander verwobenen Zusammenhänge kann vielleicht auch künstliche Intelligenz (KI) eine wichtige Funktion einnehmen. Ähnlich wie bei der Wettervorhersage kann KI durch eine lernende Bildung immer genauerer Modelle letztlich Szenarien entwickeln, die bei der Entscheidungsfindung über notwendige und wirkungsvolle Maßnahmen hilfreich sind. Anwendungen künstlicher Intelligenz (KI) nehmen in atemberaubendem Tempo zu und entwickeln sich in viele Bereiche auch des täglichen Lebens. So gibt es beispielsweise inzwischen auf der Basis von Deep Learning immer bessere Übersetzungsprogramme in die wichtigsten Weltsprachen. Zweifellos wäre KI auch geeignet und in der Lage, Lösungsansätze zu den Themen Klimawandel, Reinigung der Meere und Regulierung der Migration beizutragen.

Intelligente Techniken in Verbindung mit den Kräften des Marktes würden vielleicht effizientere Strategien und Lösungen hervorbringen als rein politische Entscheidungen. Zwar war Deutschland mit seinen drastischen Maßnahmen Kernkraft- und Kohleausstieg internationaler Impulsgeber einer Energiewende, inzwischen haben aber auch andere Länder wie Großbritannien gezeigt, dass sich zumindest der Klimaschutz schonender und kostengünstiger, also effizienter realisieren lässt. Das bisherige drastische deutsche Vorgehen erforderte immer weitere staatliche Maßnahmen, Ersatzleistungen und Förderungen, anstatt durch gezielte Anreize Marktkräfte zu nutzen. Der staatliche Dirigismus ist für den Bürger als Steuerzahler die teuerste Lösung, um zum Ziel Klimaneutralität zu gelangen. Wie die Lösungsansätze auch immer entstehen, die Annahme und Umsetzung so entwickelter Lösungen bleibt auch dann noch eine große weltpolitische Aufgabe und wahrscheinlich sogar die schwierigste Hürde.

Angst vor der Zukunft?

Liebe Erde, wir sind nun am Ende unserer Betrachtung der aktuellen Lage angekommen. Sie ist keine eigene wissenschaftliche Analyse, sondern wurde vielmehr im Wesentlichen inspiriert durch Nachrichten, Veröffentlichungen und Diskussionen aus dem Jahr 2020 und dem ersten Quartal 2021. Diese Zeit war eine ganz besondere, entscheidend geprägt durch den weltweiten Ausbruch der Corona-Pandemie mit Opferzahlen in Millionenhöhe und tiefen Einschnitten in die Wirtschaft und in das Alltagsleben der Bevölkerungen rund um den Globus. Wissenschaftliche Höchstleistungen brachten dann aber auch in sensationell kurzer Zeit mehrere Impfstoffe hervor, die darauf hoffen lassen, noch im Jahr 2021 die Pandemie weitgehend zu besiegen.

Nicht ganz so glänzend sieht das Resümee unserer Betrachtungen bezüglich des Klimawandels aus. Aber es gibt auch Hoffnung, denn es bewegt sich doch gerade einiges in die richtige Richtung. Vielleicht ist es noch nicht zu spät, wenigsten die schlimmsten Szenarien des Klimawandels zu verhindern. Vielleicht kommt die Menschheit doch noch rechtzeitig zur Einsicht, und vielleicht gelingt ihr dann, mit einer gemeinsamen Kraftanstrengung die notwendige Reduzierung des CO_2-Ausstoßes herbeizuführen. Vielleicht gelingt es parallel sogar, die weitere Plastik-Vermüllung der Meere zu stoppen und mit ihrer Reinigung zu beginnen. Und vielleicht findet sich auch ein internationaler Konsens zur Steuerung einer geregelten Migration, so dass keine Flüchtenden mehr im Meer ertrinken müssen. Das sind ganz viele „Vielleichts" auf einmal. Zu viele?

Müssen wir alle also nun ängstlich auf die Zukunft blicken? Ein wenig Sorge erscheint mir durchaus berechtigt. Diese resultiert aber nicht aus der Annahme, dass es keine Lösung für unsere Probleme gäbe. Ein Blick auf die aktuelle Corona-Krise macht deutlich, woran es vielmehr hapern könnte. Nach der Entdeckung des Virus und seines Ansteckungspotentials passierte zunächst einmal – fast nichts. Ungerührt ließ man zu, dass sich das Virus ungehemmt nahezu weltweit verbreitete. Hier drängt sich der Vergleich zur Klimakrise förmlich auf. Die technischen Notwendigkeiten zur Bekämpfung des Virus, Abstand, Masken, Tests, Impfstoffe und Medikamente, waren schnell erkannt und lagen schnell weitgehend auch vor – bezüglich der Impfstoffe in einer fast unglaublichen Rekordzeit. Aber anstatt nun die verfügbaren Mittel nach einer gemeinsamen Optimierungsstrategie weltweit zum Einsatz zu bringen, folgte jede Nation, jedes Land, jeder Kreis und jeder Ort lieber einer eigenen, meist egoistischen, gelegentlich auch einfach dummen Vorgehensweise. Die schwierige und oft auch misslungene Koordination der deutschen Bundesländer zu einem gemeinsamen Vorgehen ist hier sozusagen ein kleines Abbild des Weltgeschehens. Die unzureichende oder auch ganz fehlende weltweite Koordination und Optimierung werden unter dem Strich letztlich Millionen Tote fordern. Beim Blick auf dieses Missmanagement wächst die Befürchtung, dass ein ähnlich verqueres Krisenmanagement beim Klima, den Ozeanen und der

Migration nicht ausreichen würde, um vorhandene technische Möglichkeiten erfolgreich zur Lösung der Probleme einzubringen. Aber es muss ja nicht noch einmal so ungeschickt agiert werden, vielleicht hat man doch aus dem Pandemiegeschehen gelernt. Meine eigene ausgeprägte Reiselust gebe ich gerade auch auf, dank Corona, danke auch an den Klimawandel! Aber schade, es war schön. Jede weitere Verschlimmerung der Folgen des Klimawandels wird nun die Menschheit weltweit schmerzhaft immer wieder an die drohende Entwicklung erinnern und den Druck auf ein gemeinsames Vorgehen weiter erhöhen. Darin liegt ein gutes Stück Hoffnung, dass ziemlich bald schon eine Schmerzgrenze erreicht sein wird, die dann ein gemeinsames Handeln erzwingt! Jedenfalls wird es ein Wettlauf mit der Zeit werden. Und je später wirksame Maßnahmen einsetzen, desto gravierender und einschneidender werden diese ausfallen müssen. Einfacher wird es jedenfalls nicht werden.

Ich als früher Vertreter der „glücklichen Generation" werde das Endergebnis dieses Wettlaufs mit der Zeit wohl nicht mehr erleben. Aber die nachfolgenden Generationen werden es erleben, so oder so. Für die langfristige Erhaltung unserer Art sind die genannten „Vielleichts" – wie deutsche Politiker so gern sagen – „alternativlos". Stephen Hawking war ein genialer Wissenschaftler und seine düstere Prognose, dass die Erde zum Ende dieses Jahrhunderts unbewohnbar werde, hängt drohend über der Zukunft der Menschheit. Ein letztes Vielleicht ist die Frage, ob es der Menschheit gelingt, Hawking in dieser Prognose zu widerlegen.

Du, liebe Erde, kannst das Geschehen dagegen sehr gelassen verfolgen. Du hast Gluthitze ebenso überlebt wie Eiszeiten und Zusammenstöße mit Meteoriten. Saurier kamen und verschwanden wieder, ebenso wie zahllose andere Arten von Lebewesen. Aktuell gehen durch die Vernichtung von Wäldern und die Ausbreitung der Landwirtschaft täglich 150 Arten verloren. Auch der Mensch ist schließlich eine solche Art. Ich weiß nicht, ob du uns vermissen würdest. Aber wir würden unser Leben auf der Erde sehr vermissen. Insofern, bei allem großen Respekt vor Stephen Hawking, halte ich seine Prognose, die Menschheit würde gegebenenfalls auf den Mars auswandern, für falsch. Niemand will das wirklich. Wir sollten unser kreatives und kommunikatives Potenzial lieber intensiv dafür nutzen, unsere Lebensbedingungen auf der Erde zu erhalten und zu verbessern, anstatt uns irgendwelchen Weltraumfantasien hinzugeben. Du, unsere Erde, brauchst also gar nicht eifersüchtig auf den Mars zu schauen, er kann dir buchstäblich nicht das Wasser reichen. Sein Angebot an Lebensgrundlagen und Schönheit ist äußerst begrenzt und wenig attraktiv. Du dagegen wirst vielleicht dein Gesicht immer mal wieder den jeweiligen klimatischen Gegebenheiten anpassen, hast aber vermutlich noch ein paar Milliarden ereignisreiche Jahre vor dir - sicher auch mit Lebewesen, die auf dir wohnen.

Liebe Erde, dann mach´s mal gut!

Danke!

Für zahlreiche Anregungen, kritische Hinweise
und Ergänzungen, die ich aus Gesprächen und
Mitteilungen erhalten habe, möchte ich mich
sehr herzlich bedanken.

Mein besonderer Dank gilt
Frau Dr. med. Brigitte Zakaria,
die sich freundschaftlich mit ihrem Lektorat
für dieses Buch engagiert hat.